Gaspard DECURTINS

Réforme Sociale Chrétienne

et

Réformisme Catholique

LETTRE A UN AMI

BLOUD & C⁰

S. et R. 494

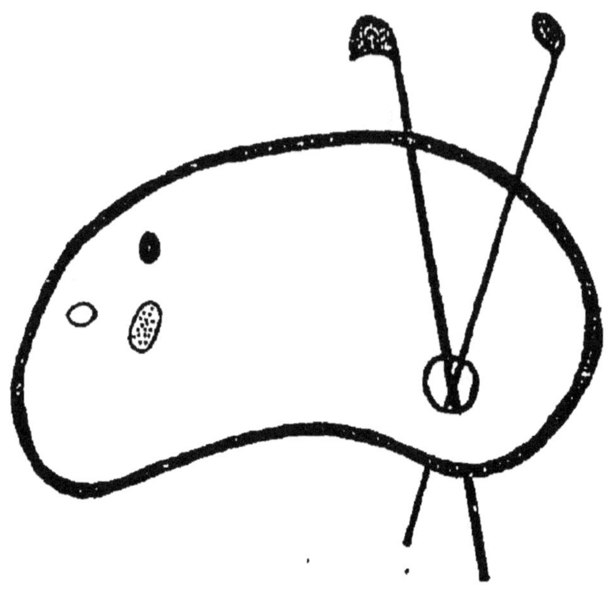

FIN D'UNE SERIE DE DOCUMENTS
EN COULEUR

RÉFORME SOCIALE CHRÉTIENNE

et

RÉFORMISME CATHOLIQUE

MÊME SÉRIE

ADHÉMAR (Vicomte R. d'), Docteur ès sciences, professeur à l'Université catholique de Lille. — **Le Triple Conflit.** — SCIENCE, PHILOSOPHIE, RELIGION (347)............... 1 vol.

BROGLIE (Abbé de). — **Les Relations entre la Foi et la Raison,** *Exposé historique. Préface* par Augustin LARGENT (188-189). 2 vol......................... Prix : **1 fr. 20.**

— **Les Conditions modernes de l'Accord entre la Foi et la Raison.** Préface par Augustin LARGENT (242-343). 2 vol. Prix : **1 fr. 20.** *Ces volumes ne se vendent pas séparément.*

FONSEGRIVE (G.). — **L'Attitude du Catholique devant la Science** (29)................................. 1 vol.

— **Le Catholicisme et la Religion de l'esprit** (30). 1 vol.

— **Catholicisme et Libre Pensée** (369)...... 1 vol.

FRÉMONT (G.). — **Pourquoi les Dogmes ne meurent pas** (309). .... 1 vol.

SUEUR (A.). — **Intellectualisme et Catholicisme** (400). 1 vol.

VERDIER (F.). — **La Révélation devant la Raison** (69). 1 vol.

Réforme sociale chrétienne

et

Réformisme Catholique

LETTRE A UN AMI

PAR

Gaspard DECURTINS

Professeur à l'Université de Fribourg (Suisse).

PARIS

LIBRAIRIE BLOUD ET Cie

7, PLACE SAINT-SULPICE, 7

1908

CHER AMI,

Il est des questions pour lesquelles nous cherchons, pendant des années, une réponse et une solution. Et lorsque enfin nous en avons trouvé la clef, nous éprouvons néanmoins quelque hésitation à communiquer à autrui le fruit de nos recherches. Tu comprendras donc, cher ami, et tu excuseras le retard que j'ai mis à répondre à la question que tu m'as posée à plusieurs reprises, à savoir ce que je pense des rapports du mouvement chrétien-social avec le « réformisme catholique ».

Outre la difficulté qu'il y a à traiter en aphorismes, dans une lettre, un sujet qu'il serait plus facile d'épuiser dans un livre, une autre circonstance explique mon hésitation. Je sais trop bien, en effet, cher ami, que ma réponse chagrinera plus d'un de ceux qui ont combattu dans nos rangs, pendant de longues années, pour un meilleur droit social. Mais les choses en sont arrivées à un tel point qu'on parle ouvertement d'une crise religieuse dans les milieux catholiques. Il est donc du devoir de chacun de travailler selon ses forces au triomphe de la vérité. Toute considération personnelle doit s'effacer devant ce devoir. Je me crois d'autant plus autorisé et obligé à donner une réponse franche et ouverte, que je puis me compter parmi ceux qui ont derrière eux tout un passé de loyales luttes pour la cause sociale-chrétienne, et que les rangs de ceux qui ont été en contact avec les premiers chefs du jeune mouvement — je me bornerai à nommer ici le baron Charles de Vogelsang — sont aujourd'hui bien éclaircis.

Tout grand mouvement destiné à traverser les siècles conquiert de nouvelles forces par le fait qu'il reprend les idées auxquelles il doit son origine. A ce point de vue, le mouvement social-chrétien ne saurait devenir infidèle à son premier programme, sous peine de perdre quelque chose de sa vitalité.

Maintenant plus que jamais, il est nécessaire de revenir à l'idée fondamentale, au *Leitmotiv* du mouvement social-chrétien, attendu que, de divers côtés, on s'est efforcé de solidariser et identifier la réforme sociale-chrétienne avec certains courants intellectuels qui n'ont aucun rapport avec elle et même se trouvent, par leur essence, en contradiction directe et irréconciliable avec ce mouvement.

De nos jours, on entend fréquemment, tantôt à voix basse et timide, tantôt ouvertement et résolument, exprimer l'opinion que la réforme sociale-chrétienne constitue tout simplement une partie de ce mouvement d'idées qu'on appelle communément le « réformisme catholique ». On prétend que le sort de la réforme sociale-catholique est si intimement lié à celui de réformisme catholique qu'il doit fatalement grandir ou périr avec lui. Cette assertion audacieuse a trouvé déjà, auprès des amis comme des ennemis, un tel écho qu'on est pas loin d'envisager l'accord intime des deux mouvements comme un fait accompli.

Je reviendrai plus loin sur le réformisme catholique. Ici, je me contenterai de faire remarquer que nous voyons dans ce mouvement plutôt un phénomène de notre civilisation qu'une école ou un système philosophico-théologique. En effet, le réformisme catholique ne se présente pas comme une erreur doctrinale attaquant tel ou tel article de la foi chrétienne ; il ne s'agit pas de telle ou telle hérésie, mais plutôt d'un courant d'idées que l'on pourrait comparer à la gnose, au rationalisme du XVIII° siècle et au mouvement libéral au sein du protestantisme.

Quant aux rapports du réformisme catholique avec la réforme sociale-chrétienne, rien ne nous renseignera plus exactement que l'histoire même de ce dernier mouvement. Ce qu'il y a donc de mieux à faire, c'est de rechercher sur quel terrain la réforme sociale-catholique est née et a grandi, et quels facteurs ont exercé sur elle une influence déterminante.

A nos yeux, le père du mouvement social-chrétien, tel que nous le concevons aujourd'hui, n'est autre que l'évêque de Mayence, *Emmanuel Ketteler*. Au milieu des luttes mouvementées de l'armée révolutionnaire, alors que le libéralisme, sûr de lui-même et fier de ses victoires, tenait l'Eglise catholique pour une puissance brisée et déchue, l'évêque Ketteler prononça, en la cathédrale de Mayence, ces mémorables sermons que l'on peut désigner, à juste titre, comme la première manifestation de la réforme sociale-chrétienne. Ketteler avait eu une vue claire de la situation ; il s'était rendu compte que la question sociale deviendrait le grand problème de l'avenir et qu'elle donnerait son empreinte aux temps nouveaux. En effet, la question de la propriété fournit aux divers partis sociaux l'occasion bienvenue de formuler leurs principes et de faire prévaloir leurs solutions. C'est ce qui engagea le grand évêque de Mayence à traiter cette question au point de vue chrétien. Sa définition de la propriété et les conclusions qu'il en tira surprirent ses contemporains. Dans tous les camps, on fut étonné de la profondeur et de la force de cette démonstration épiscopale.

. Où donc Ketteler avait-il puisé la solution du problème ? Tout simplement dans la doctrine catholique des âges précédents et, particulièrement, dans la *Summa theologica* de saint Thomas d'Aquin. Etant curé à Hopsten, Ketteler avait consacré ses loisirs à l'étude de la philosophie scolastique d'après les plus grands maîtres. Et cette étude, précisément, le convainquit de l'incompatibilité de la conception morale de la propriété, telle que l'enseignait la science catholique des temps passés, avec cette autre notion de propriété qu'il trouva exposée dans les ouvrages des économistes classiques.

Les études de droit et d'économie politique de Mgr Ketteler lui avaient fait toucher du doigt la valeur de la notion catholique de la propriété au point de vue spéculatif et pratique. Résolu de faire connaître la vérité, Ketteler saisit la première occasion qui s'offrit à lui de proclamer, dans la cathédrale Saint-Boniface, la doctrine catholique de la propriété. Et il le fit dans ces discours qui sont restés comme des monuments de doctrine sociale-chrétienne.

Grâce à la scolastique, exhumée pour ainsi dire de sa tombe, le grand évêque de Mayence renoua, sur le terrain de la sociologie, la chaîne des traditions de la pensée catholique interrompue par la Réformation, la philosophie du xviiie siècle et la Révolution. Sans Thomas d'Aquin, Ketteler ne serait pas devenu le grand restaurateur de la sociologie catholique.

Ce fait incontestable ne diminue en rien les mérites immortels de l'évêque de Mayence. Il eut la gloire de mettre en relief et en action, par la largeur de son esprit et l'énergie de sa volonté, les grandes vérités sociales transmises de génération en génération dans l'Eglise catholique.

Le livre de Ketteler : *Le Christianisme et la Question ouvrière* n'est, en somme, que le grandiose commentaire des doctrines exposées dans ses trois premières prédications. En ce qui concerne le travail, le salaire, les droits et les devoirs de l'Etat, les relations de l'Etat et des individus, les rapports de l'Eglise avec l'État, nous retrouvons dans le livre de Ketteler les démonstrations et propositions développées par saint Thomas d'Aquin sur chacun de ces ardus problèmes.

Telle était l'estime de Ketteler pour les doctrines politiques et sociales du grand philosophe du moyen âge, qu'il s'imposa de traduire l'ouvrage de saint Thomas sur le pouvoir des princes, et le fit paraître sous la forme d'une lettre à la noblesse allemande.

Pour Ketteler, la réforme sociale-catholique faisait partie intégrante de la régénération chrétienne des idées.

Ce fut cette restauration de la conception chrétienne du monde qu'il poursuivit dans d'autres domaines avec tant de courage et de succès. Aux yeux de ses contemporains, on peut le dire, l'évêque Ketteler passa pour un des représentants les plus marquants de l'ultramontanisme. Je me borne ici à rappeler sa polémique avec Nippold, un des plus infatigables champions du réformisme catholique. On y voit l'irréductible antagonisme qui séparait Ketteler des tendances si ardemment soutenues par Nippold.

Rien n'est plus digne de servir de modèle à la jeunesse académique désireuse de se vouer à l'étude des problèmes sociaux, que la vie de cet homme remarquable sous tous les rapports. L'exemple de Ketteler ne montre-t-il pas que le retour à ce qu'il y eut de bien dans le passé est souvent le plus sûr moyen de trouver la vraie solution des problèmes de l'heure présente ? Le mouvement social se frayera des voies sûres pour autant que ses protagonistes ne perdront pas de vue le point de départ.

Si Ketteler fut l'initiateur du mouvement social-catholique, c'est, en revanche, au baron *Charles de Vogelsang* que revient le mérite d'avoir tracé d'une main ferme les linéaments fondamentaux d'une sociologie catholique.

Ce grand homme, qui unissait les dons du génie à une rare fermeté de caractère, a rendu à la cause catholique un service inoubliable en construisant un système social sur les doctrines du christianisme.

Voici en quels termes Vogelsang a défini le rôle qu'il assignait à ce système :

La science sociale-chrétienne prend sa source dans la doctrine de l'unité de la race humaine : elle se fonde dès lors sur la solidarité humaine. Partant de la reconnaissance de ce fait qui a pour corollaire un système de moral complet et critiquement éprouvé, s'appuyant, en outre, sur la concrétisation historique de ce système, la science sociale-chrétienne tend à ordonner l'état de choses actuel, y compris toutes les conquêtes techniques et vraiment scientifiques des temps modernes, selon les règles de la morale et de la raison. Si elle y réussit, la terre ne sera plus le théâtre de luttes bestiales pour l'existence ; elle sera un foyer de noble culture et un lien de préparation des enfants de Dieu à une vie meilleure. Il est hors de doute que tous les éléments de l'organisation chrétienne de la société nous ont été donnés et que nous n'avons rien de nouveau à apprendre, rien qui s'écarte du trésor des doctrines existantes, dans le domaine de la foi et des mœurs. Il ne reste plus dès lors, qu'à exploiter ce trésor selon les besoins du temps présent, à le monnayer, en quelque sorte, en espèces courantes. C'est là, précisément, le rôle de la science chrétienne, c'est-à-dire de cette science qui est établie sur le fondement intangible de l'enseignement historique. Non seulement la science des choses de Dieu, mais toute science chrétienne a le droit et le devoir, dans son propre domaine, de puiser à ce patrimoine. Ce droit appartient notamment à la science sociale, c'est-à-dire à cette science qui s'occupe de régler selon des points de vue éthiques et pratiques les rapports des hommes entre eux et avec la création dont ils ont été constitués les usufruitiers.

Aux yeux de Vogelsang, l'ordre social du moyen âge, issu des idées chrétiennes, était l'idéal de l'harmonie de toutes les forces économiques et de la paix sociale qui en résulte, but final de toute législation économique.

De même que, d'après la parabole du Sauveur, un peu de levain suffit pour faire lever la masse de la pâte, de même, les principes chrétiens de justice, de libre détermination et de charité avaient pénétré tout le corps politique et social de l'Europe occidentale. Ce furent ces principes qui enlevèrent au travail la tache d'ignominie et d'esclavage dont l'avait souillé le paganisme. Le travail apportait de l'honneur. Bien plus, il était lui-même un honneur, car il n'y avait pas d'honneur sans lui. L'honneur du prince se fondait sur son travail politique, militaire et judiciaire. Et il en était de même, en gradation descendante, du magnat, du seigneur. La propriété concédée par la communauté était le salaire du travail ; le travail, à son tour, était la condition du salaire. Il n'y avait pas de place sur le sol chrétien pour une propriété proprement privée, telle que nous la voyons, constituée en biens fonciers pour la jouissance personnelle du seul possesseur, sans prestation correspondante d'un travail au profit de la communauté. Les métiers, en prospérant, élevèrent de degré en degré les artisans jusqu'à la conquête du droit et de la liberté, en même temps qu'à la notion des devoirs que cet ordre social imposait. L'artisan reçut de la communauté, comme un précieux privilège, un champ de travail bien clos où il se sentait protégé ; il parvint à l'honneur de la camaraderie des armes et aux franchises héréditaires de l'autonomie municipale. Les principes de la liberté, de l'honneur et du droit haussèrent le métier et l'esprit de ceux qui l'exerçaient jusqu'à ces hauteurs que l'histoire a décrites si splendidement.

L'ordre social chrétien du moyen âge apparaît à nos yeux comme une œuvre grandiose de l'esprit. Ce christianisme appliqué à la société surpasse les plus nobles créations de l'antiquité autant que la majesté incomparable de nos cathédrales gothiques domine la beauté limitée des temples grecs. Malheureusement, le péché des hommes ne laisse pas arriver les créations divines à leur perfection. Avant que la grande idée parvienne à son plein développement, la corruption s'y met et décompose en elle ce qui est destructible, la forme extérieure. Cependant, l'esprit qui a créé reste vivant et cherche à produire de nouvelles formes.

Il nous serait facile de reproduire ainsi nombre de passages des œuvres du baron de Vogelsang, qui démontrent que la valeur et l'importance de sa sociologie découlent du fait qu'il cherchait à rendre au droit naturel, dans le sens de la scolastique, ainsi qu'à la morale chrétienne, la place qui leur revient dans l'économie nationale.

Vogelsang ne se dissimulait pas l'antagonisme irréductible de ses doctrines avec les idées libérales. Personne ne s'est prononcé avec plus de netteté et plus d'énergie que lui contre le libéralisme. A ses yeux, la rupture complète avec le libéralisme et le retour résolu à la conception catholique sont la condition indispensable de la solution chrétienne de la question sociale.

C'est ainsi que les chefs du mouvement social-chrétien, ainsi que leur premiers adhérents, ont toujours associé l'idée catholique aux plus vastes plans de réforme sociale.

Les hommes qui prirent, dans la suite, la tête du mouvement social-chrétien se rendirent parfaitement compte de l'esprit qui animait ses fondateurs. Ainsi, les conférences des *Unions sociales à Fribourg,* auxquelles prirent part les représentants les plus en vue du parti de la réforme sociale-chrétienne dans les divers pays civilisés, s'efforcèrent toujours, pour autant qu'il s'agissait de déterminer les compétences de l'Etat dans la vie économique ainsi que ses droits et devoirs dans l'organisation du travail, de chercher dans saint Thomas et les grands scolastiques la solution de ces difficiles problèmes. Ceux qui compulseront les anciennes livraisons de la *Monatsschrift für christliche Sozialreform* ou celles de la *Revue de l'Association catholique* pourront se convaincre de la profonde influence qu'exerça la doctrine scolastique sur la jeune école sociale-chrétienne. Il va sans dire que l'énergique intervention de Sa Sainteté Léon XIII, replaçant la philosophie scolastiqne à la base des études théologiques, ne contribua pas peu à orienter la réforme sociale vers les doctrines traditionnelles, et ne fit que resserrer plus étroitement le lien qui les unissait.

Ce fut seulement vers les dernières années du pontificat de Léon XIII que se manifesta la tendance de rompre avec la philosophie du moyen âge. Des voix, d'abord isolées puis toujours plus nombreuses, demandèrent qu'on renonçât à des conceptions vieillies, pour s'appuyer sur l'édifice des notions scientifiques modernes. Bientôt, on hasarda l'opinion qu'une réforme sociale conforme aux idées et aux besoins modernes ne pouvait jaillir que d'une conception moderne du monde et de la vie. Il fut intéressant de suivre l'évolution de certains réformateurs sociaux-chrétiens qui, abandonnant leur champ d'action propre, crurent qu'il fallait d'abord porter la critique réformiste dans les institutions de l'Eglise catholique ! Par l'effet de cette déviation, l'intellectualisme théologique accapara bientôt l'intérêt et les forces du mouvement réformiste.

Jetons tout d'abord un regard sur l'école philosophique dont le réformisme catholique peut être envisagé comme le continuateur.

II

Bien que les modernes attachent peu de prix à la philosophie et que beaucoup même croient pouvoir s'en passer complètement, néanmoins la vie intellectuelle, en nos temps, est dominée, plus que du passé, par les opinions philosophiques, qui sont acceptées par la plupart pour vraies, sans réflexion et sans examen. En pourrait-il être autrement avec un système scolaire qui élève une génération beaucoup plus soumise à l'autorité de l'école que les précédentes générations ?

Quiconque a étudié, même superficiellement, l'histoire du mouvement intellectuel chez les catholiques, au XIX° siècle, aura reconnu combien il a été ardu pour les catholiques de revenir à une conception du monde conforme à leur foi. Tandis qu'en littérature et en histoire les idées catholiques ont réussi à s'affirmer victorieusement, on s'est épuisé en tentatives infructueuses pour asseoir l'apologie du christianisme sur le terrain vacillant des systèmes philosophiques modernes.

Les apologistes chrétiens les plus méritants ne sont arrivés qu'après de longues et pénibles études à des résultats qu'ils auraient atteints bien plus aisément en étudiant la philosophie et la théologie des temps passés. Ce n'est que vers la moitié du XIX° siècle qu'en Allemagne, en France et en Angleterre on se tourna de nouveau vers l'étude de la scolastique, et cette orientation a puissamment contribué à fortifier le catholicisme sur le terrain scientifique et expérimental.

Le nouvel essor que l'étude de la scolastique a pris sous le pontificat de Léon XIII appartient à un passé trop récent pour que je doive insister plus longuement sur ce point.

L'influence considérable que le néokantisme, dès sa pénétration parmi les catholiques, a exercée sur la théologie s'explique par la liaison intime de la philosophie et de la théologie dans le protestantisme allemand. C'est, en effet, un phénomène propre à la théologie protestante que sa dépendance des systèmes philosophiques. Plus la théologie protestante s'écartait de la révélation et de la doctrine traditionnelle de l'Eglise, plus elle sentait le besoin de chercher une base et un appui scientifiques dans la philosophie contemporaine. De là l'influence énorme que la doctrine néokantiste, en faveur actuellement dans maints milieux où elle représente à elle seule toute la philosophie, exerce sur la science théologique.

A l'instar d'autres systèmes philosophiques allemands, le néokantisme a trouvé de nombreux partisans dans les pays romands. Mais tandis que les disciples de Hegel étaient en opposition ouverte avec l'Eglise et qu'ils se frayèrent une voie et rallièrent des partisans précisément parce qu'ils étaient en guerre avec le catholicisme, le néokantisme trouva des admirateurs parmi ceux mêmes qui entendaient fermement rester sur le terrain catholique. Ces partisans de la philosophie néokantiste, partageant en ce point les idées des néokantistes protestants, espéraient, par là, rajeunir et fortifier le catholicisme.

Ce n'est pas ici le lieu d'écrire l'histoire de cette singulière tentative de régénération du catholicisme par Kant.

Il me suffira de rappeler ce que A. Leclère, dans les *Kantstudien,* dit des fantastiques espérances qu'on nourrit à l'endroit de cette régénération du catholicisme par Kant et sa philosophie.

Plût à Dieu que le grand travail qui s'est fait en Allemagne, en France et en Angleterre pour labourer et ensemencer le sol catholique à l'aide de la philosophie de Kant n'eût été qu'une entreprise de Sisyphe, sans autres fâcheuses conséquences ! Mais, en rompant avec la tradition et en voulant accommoder l'apologétique selon l'esprit de Kant, on a introduit le levain du scepticisme dans le cœur de la jeunesse studieuse.

On a peine à comprendre qu'un pareil mouvement ait pu se produire au sein du catholicisme. D'après Kant, l'homme ne peut atteindre aux causes premières des choses, parce qu'il n'y a pas de certitude métaphysique et que l'existence de Dieu ni aucune autre vérité religieuse ne sont accessibles à son raisonnement.

Kant prétend que c'est errer fatalement que de parler de vérités religieuses, car ces vérités ne sont ni démontrées ni démontrables. Dès que l'homme possède dans sa plénitude le sens du réel et de la vérité expérimentale, les vérités religieuses perdent pour lui leur caractère de crédibilité. Dans le système de Kant, la religion ne trouve place qu'à côté de la poésie et de l'art ; elle n'est pas autre chose qu'un monde idéal créé par l'homme et à l'aide duquel il s'élève au-dessus de la réalité, pour satisfaire son sentiment religieux.

Nous nous bornerons à indiquer quelques-uns seulement des faits qui caractérisent le mouvement néokantiste dans le sein de l'intellectualisme catholique, attendu que, somme toute, ce n'est que la reproduction des phénomènes que la philosophie religieuse de Kant a déterminés au sein du protestantisme.

Comme toute école naissante, les néokantistes ont cherché à se donner un ancêtre. Par une piquante ironie, ce précurseur, ils allèrent le chercher dans un milieu où la raison humaine avait rencontré ses plus hautains détracteurs, où, avec Calvin, on n'avait cessé de la représenter comme absolument corrompue et incapable d'atteindre par elle-même à la connaissance de Dieu et des lois morales : dans le jansénisme. Les jansénistes accusaient les penseurs scolastiques d'avoir faussé la doctrine catholique de la grâce en exagérant le rôle des forces naturelles de la volonté, et d'avoir favorisé l'incrédulité en essayant de démontrer les dogmes à l'aide du rationalisme. De tous les jansénistes, Blaise Pascal fut celui qui contesta le plus âprement à l'esprit humain la capacité d'atteindre à la vérité, à l'encontre de la doctrine de l'Eglise, des saints Pères et de la tradition en général.

Le sceptique Bayle, qui recueillit les matériaux dont se servirent les hommes du siècle philosophique pour combattre le christianisme, s'était parfaitement rendu compte que, si l'on pouvait proclamer l'impossibilité d'atteindre à la connaissance naturelle de Dieu, il serait d'autant plus facile de nier la possibilité de la connaissance surnaturelle. Aussi a-t-il, dans son Dictionnaire, pris acte, avec satisfaction, de la nouvelle espèce d'apologie entreprise par Pascal.

A propos d'une récente traduction des *Pensées* de Pascal, R. Eucken, professeur à Iéna, un des plus notables adversaires de la scolastique, a écrit une introduction dans laquelle il glorifie Pascal comme un des plus éminents représentants du subjectivisme religieux et le place à côté de Schleiermacher, l'auteur de la réforme protestante moderne :

Aussi bien, dit-il, l'œuvre de Pascal ne se borne pas à quelques pensées et impressions d'incontestable valeur. De tout l'ensemble de cette œuvre se dégage le type d'une grande âme, un type indépendant où se reflète la vie spirituelle en général. Et c'est ce type qui nous attire sans cesse vers Pascal. Or, quelle est la principale particularité de cette vie ? C'est que la religion est assise uniquement sur l'intimité de la vie personnelle et qu'il se forme, par conséquent, chez l'homme religieux un monde intérieur qui se suffit à lui-même. Le sentiment, le cœur prend la première place. Dans ces conditions, il ne s'agit plus d'une force spirituelle isolée placée sur le même plan que les autres, mais on est, comme nous l'a montré plus tard Schleiermacher, en présence de la source première de toute vie, d'un épanouissement intérieur qui s'accomplit sans agent intermédiaire et duquel émane toute certitude. Car il n'y a de certain que ce qui se manifeste directement par sa propre réalité. Ce qui doit être prouvé est toujours contestable et ne peut être qu'une amplification de ce qui nous est fourni par la réalité immédiate. Tandis que, dans l'intimité de son cœur, l'homme se trouve immédiatement en présence de l'infini divin, conformément à la parole : Le royaume de Dieu est en nous. Par là, nous sentons vivre en nous, merveilleusement, quelque chose qui n'est pas en nous-même. En cela consiste justement la plus haute béatitude et la perfection. C'est par là que l'homme, un rien imperceptible en face du Tout, acquiert une valeur infinie.

Le subjectivisme de Pascal se manifesta lorsque la doctrine de la grâce, telle qu'il la concevait, fut condamnée par le Chef de l'Eglise et que Pascal, en appelant à Jésus, refusa l'obéissance au décret pontifical. C'est grâce à la dévouée entreprise du curé de Saint-Etienne que Pascal fut préservé de mourir en pleine révolte contre l'Eglise. Tout en reconnaissant les mérites de l'incomparable écrivain et de l'homme de génie, nous ne parvenons pas à comprendre comment, après le Concile du Vatican et ses définitions dogmatiques sur la foi (chap. 4), on peut construire une apologie du christianisme sur Pascal.

Les manifestations les plus inquiétantes de l'apologétique moderne et, en général, les errements dans la conception des vérités de la foi doivent leur origine à la philosophie néokantiste, aux yeux de laquelle la religion n'implique aucunement la connaissance de Dieu et des vérités, car, ainsi que nous venons de le dire, cette philosophie n'admet pas qu'il existe des vérités religieuses démontrables. Toute tentative pour fonder l'apologétique chrétienne sur un terrain autre

que celui de l'absolue vérité de la foi est donc condamné
à l'impuissance et à l'avortement.

Au surplus, l'essai d'une régénération du catholicisme par le rationalisme — si choquante que soit
cette juxtaposition de termes — n'est pas nouveau.
La fin du XVIIIe siècle et le commencement du XIXe
ont vu de notables théologiens tenter cette entreprise.
Zirkel, évêque-coadjuteur de Wurzbourg, pour ne
citer qu'un exemple, se fonda sur la philosophie de
Kant pour écrire une dogmatique dans laquelle il
niait la divinité de Jésus-Christ et présentait les
dogmes et sacrements comme de simples symboles.
Ce qu'il a dit de l'origine des Evangiles et de l'Eglise
primitive a une frappante ressemblance avec les essais
les plus modernes du réformisme catholique. Plus
tard, Zirkel a reconnu l'inanité de cet essai ; il a réparé
ses égarements par une vie consacrée à la défense de
la foi.

III

Mais la philosophie néokantiste ne fut pas la seule inspiratrice du réformisme catholique. La théologie des réformistes protestants exerça aussi une influence considérable sur l'origine et le développement de ce mouvement. Le protestantisme, isolant les saintes Ecritures de la foi vivante et agissante, a rompu le lien qui les unit à la tradition et à l'autorité et, en même temps qu'il proclamait la Bible source unique de la foi, il la soumettait à la dissection de la critique. En posant en principe que le chrétien n'a besoin d'aucune autorité pour expliquer la Bible et que c'est l'affaire de chacun d'interpréter le texte à sa façon, le protestantisme a livré les saintes Ecritures aux interprétations les plus arbitraires et aux commentaires les plus singuliers.

Pendant quelque temps, les symboles empruntés à l'Eglise catholique retinrent l'exégèse des diverses confessions protestantes dans de certaines limites. Mais il advint qu'un vague déisme gagna toujours plus de terrain en Angleterre. Toland et d'autres réformateurs ressuscitèrent la doctrine des sociniens. Il se trouva alors des théologiens protestants qui abandonnèrent, lambeaux par lambeaux, la vieille foi chrétienne pour verser dans la philosophie du temps. Ils en vinrent même à expliquer le Nouveau Testament de telle façon que le surnaturel disparut et que les miracles furent attribués à la supercherie des prêtres.

Toutefois, les efforts des déistes anglais pour donner sur la vie du Sauveur les explications les plus fantaisistes ne sont rien auprès du lourd appareil scientifique mis en œuvre, vers la fin du XVIII° siècle et au commencement du XIX°, par les exégètes rationalistes, dans les chaires des Facultés théologiques des Universités allemandes. On cita la Bible à la barre d'une science soi-disant éclairée et l'on en élimina tout ce qui touchait au miracle, tout ce qui semblait exagéré et impossible. Les plus profonds mystères du christianisme furent expliqués de la manière la plus triviale. En considérant l'œuvre de l'exégèse rationaliste, on dirait que sa préoccupation est de vider les Evangiles de leur substance et de leur contenu pour les réduire à l'état de vases vides n'ayant plus d'intérêt que pour les antiquaires.

Le réveil des études historiques, l'importance plus profonde accordée au fait religieux dans la vie des peuples — fruit du mouvement romantique — le raisonnement philosophique sur le sens des légendes, sur la signification des mythes et la poésie des contes, tout cela vint mettre comme une auréole de révélation nouvelle autour du livre de l'exégète appliqué à naturaliser les saintes Ecritures.

D'abord avec timidité et circonspection, on se mit à interpréter quelques récits de la Genèse et le Livre des Juges comme des mythes et des traditions populaires. A ceux qui secouaient la tête devant ces commentaires, on expliqua que c'était le seul moyen de défendre la Bible contre les attaques de la critique. Peu à peu, ce travail de sape s'étendit à d'autres récits de l'Ancien Testament, qu'on traita également de mythes, en battant monnaie, sans scrupule, avec des résultats des études sur les mythes de l'Orient, qu'on fit servir à l'exégèse de la Bible.

Depuis l'époque des Saints Pères, l'exégèse chrétienne avait toujours reconnu une liaison intime entre l'Ancien et le Nouveau Testament. C'est qu'en effet l'Ancien Testament ne trouve sa pleine explication et signification que dans le Nouveau. Dans les prières et la liturgie de l'Eglise, les relations des deux Testaments entre eux et leur unité sont représentées d'une manière vivante et saisissante.

Mais, si une foule de récits de l'Ancien Testament ne sont pas autre chose que des mythes, des légendes, des contes poétiques, pourquoi n'en serait-il pas de même du Nouveau Testament ? L'exégèse, incrédule elle-même, sentait le besoin de maintenir le trait d'union entre l'Ancien et le Nouveau Testament et de démontrer que les dernières vagues de l'Histoire judaïque débordent sur le Nouveau Testament.

Aussi l'exégèse rationaliste ne s'est-elle pas arrêtée en route. Elle a découvert, dans les récits des Evangiles, des légendes ingénieuses et symboliques dans lesquelles les attentes passionnées de l'apocalypse juive, le souvenir de la grandiose personnalité de Jésus, les opinions religieuses de la première communauté chrétienne, sa foi, ses espérances, ses luttes ont trouvé une palpitante expression. En reculant au IIᵉ siècle la date de l'apparition des Evangiles, on put donner à la poésie légendaire une large part dans la rédaction des livres du Nouveau Testament.

Lorsque Strauss, dans sa *Vie de Jésus,* dressa le bilan de cette exégèse et prouva que cette manière d'envisager les Evangiles conduisait fatalement à la négation de la divinité de Jésus-Christ, ce fut une panique générale dans le camp de la théologie protestante et l'on vit quel abîme on côtoyait.

Dans les milieux catholiques, on s'attendait à ce que le livre de Strauss aurait pour résultat une sélection des esprits, en ce sens que les hommes sincères reviendraient franchement aux convictions chrétiennes ou bien, en tirant les conséquences pratiques de la négation de la divinité de Jésus-Christ, se retireraient du christiauisme et de l'Église. Mais il n'en fut pas ainsi. Beaucoup de ceux qui s'étaient rangés du côté de Stauss et rejetaient la pierre angulaire de la foi continuèrent néanmoins à prêcher le vieil Evangile et à célébrer l'ancienne liturgie. En vain Strauss, dans ses ouvrages de polémique : *Le Christ de la foi et le Jésus de l'histoire : Die Halben und die Ganzen,* s'efforça-t-il de démontrer l'absurdité de vouloir concilier la négation et l'affirmation. Sa voix se perdit au milieu des cris de triomphe de ceux qu'avait comme séduits et fascinés la facile mais brillante réussite de ce jeu d'esprit qui attribuait à l'ancienne Parole un sens nouveau.

Pour mieux se convaincre de la puissance du réformisme, on n'a qu'à comparer l'accueil qui fut fait à la *Vie de Jésus* de Strauss et celui que rencontra l'*Essence du christianisme* de Harnack. Tandis que le livre de Strauss souleva dans tous les milieux croyants une tempête d'indignations, l'œuvre de Harnack, qui résout de la même façon que Strauss la question fondamentale, fut agréé, comme un oracle dans ces mêmes milieux.

Pendant plus d'un demi-siècle, la théologie réformiste a cherché à démontrer, à l'aide d'innombrables travaux scientifiques sur le terrain de l'exégèse et de l'histoire des dogmes, que le christianisme est né d'une fusion des idées religieuses des Juifs avec les systèmes philosophico-religieux des Grecs. Si diverses et si contradictoires que furent les hypothèses imaginées pour expliquer le christianisme, néanmoins toutes s'accordaient à nier la divinité du Christ. C'est de cette dernière supposition qu'on partit pour expliquer les Evangiles et leur histoire.

Dans les milieux catholiques, on se rendit bien compte, jusqu'en ces derniers temps, qu'il existait un abîme infranchissable entre la foi catholique et cette manière de concevoir et de traiter la sainte Ecriture. Ce n'est que depuis peu d'années qu'on a vu se des-

siner un courant théologique qui a son point de
départ, en réalité, dans le travail préalable de la théologie réformiste protestante en matière d'exégèse et
d'histoire des dogmes.

Il suffit ici de nommer le plus notable représentant
de cette école et de reproduire quelques passages de
l'étude où il a consigné, avec une grande franchise, le
résultat de ses investigations.

Loisy considère les Evangiles synoptiques comme
des livres d'édification et non pas comme des sources
historiques. D'après lui, les Evangiles sont le produit
des traditions populaires de la communauté chrétienne, où survivait l'influence subjuguante que Jésus
avait exercée. L'Evangile de saint Jean ne serait que
l'œuvre d'une époque postérieure et serait sans valeur
comme source historique.

L'image du Seigneur, telle qu'elle se manifeste dans
ces Evangiles, ajoute Loisy, indique la représentation
que se faisait du Seigneur la communauté chrétienne
à la fin du 1er siècle. Les récits de saint Jean ne rapportent pas des faits historiques. Ce sont, à l'en croire,
de pures considérations mystiques. La chaleur de vie,
la couleur locale, les épisodes vécus que nous trouvons dans l'Evangile de saint Jean, tout cela ne
prouve rien en faveur de la vérité historique. Ces
qualités du récit s'expliquent tout naturellement par
le mysticisme et l'énergique conviction de l'auteur de
cet Evangile ; il voit la vérité en symboles, et la vision
allégorique est si habituelle chez lui que l'idée devient
par elle-même une image. Pendant longtemps, on
n'a pas compris l'Evangile, parce qu'on s'obstinait à
le considérer comme un livre historique. On n'aura
une juste conception des Evangiles que si l'on considère le quatrième Evangile comme l'œuvre du premier des mystiques et non pas comme l'œuvre du
dernier historien de Jésus.

D'après Loisy, la divinité de Jésus-Christ ne peut

être prouvée ; le Seigneur n'a pas non plus fondé d'Eglise ; la tradition de la communauté chrétienne, plus tard, a bien reconnu une Eglise fondée *sur* le Christ, mais non pas une Eglise fondée *par* le Christ, Les passages où est racontée la fondation de l'Eglise par le Ressuscité sont tout simplement l'expression de la première communauté chrétienne. Dès lors, les paroles : « Tu es Pierre et sur cette pierre je bâtirai mon Eglise » ne signifient pas l'institution de l'Eglise, mais tendraient plutôt à faire naître l'idée d'une fondation postérieure de l'Eglise, tandis que les paroles « Celui qui n'écoute pas l'Eglise est semblable à un païen et à un publicain » s'adaptent à des temps tout autres que ceux dans lesquels l'évangéliste place ces paroles.

Avec une pareille conception de l'Evangile, il ne peut naturellement pas être question de dogmes que le Christ aurait proclamés. D'après Loisy, le Christ n'a institué aucun sacrement, et Loisy tente de faire la preuve de son assertion pour chaque sacrement. Les considérations qu'il émet sur l'institution de l'Eucharistie sont ce qui a été écrit de plus glacial sur ce divin sujet.

Si nous avons nommé Loisy et noté sa conception du Nouveau Testament et de l'Histoire, ce n'est point seulement parce qu'il est au rang des plus notables réformistes catholiques, mais aussi à cause de la franchise sans détour avec laquelle il exprime ses opinions. Avec la tendance propre au génie latin de tirer les conséquences logiques des prémisses posées, Loisy a abouti à une série de conclusions qui le placent à l'aile gauche des réformistes protestants.

Il nous importe peu de savoir quelles conclusions Loisy tire pour lui-même de ses investigations. Cela n'á, du reste, rien à faire ici. Mais si sa manière de concevoir les Evangiles, auxquels il dénie le caractère de sources historiques, devait gagner le jeune clergé catholique, ce dernier serait forcément placé dans l'alternative, ou bien d'abandonner le christianisme et l'Eglise, ou bien d'imiter l'exemple des réformistes protestants qui restent dans leur Eglise sans croire à la divinité du Christ.

Renan raconte, dans ses souvenirs de jeunesse, qu'il aurait reçu l'ordination sacerdotale si l'on pouvait être prêtre sans croire à la divinité du Christ. Il avait senti qu'avec sa conception des Evangiles il n'était pas l'homme du sanctuaire. Celui qui devait écrire plus tard *L'Abbesse de Jouarre* éprouva une invincible aversion à réciter sans foi la magnifique introduction de la messe : *Ad Deum qui lætificat juventutem meam*. Mais s'il se trouvait des hommes qui, ne croyant pas à la divinité de Jésus-Christ, voulussent néanmoins gravir les marches de l'autel, alors ce serait vraiment l'abomination de la désolation dans le sanctuaire.

Comment peut-on croire à la divinité de Jésus-Christ si l'on envisage bien les Evangiles d'après le sens que lui attribuent les modernes réformateurs, c'est-à-dire comme des documents sans valeur historique, en dehors de la révélation, et si l'on considère les principaux miracles comme des créations de la fantaisie surexcitée d'un mystique qui fit revivre la foi des premiers chrétiens dans les images et récits animés ?

Or, sans la divinité du Christ, il n'y a plus de christianisme. Que serait alors la doctrine du Christ, sinon un effort de plus, parmi tant d'autres efforts, dans la longue chaîne de tentatives impuissantes pour résoudre les énigmes de l'humanité ?

En ce cas, nous comprenons Strauss et ses disciples, proclamant ouvertement qu'ils ne sont plus chrétiens et que, se contentant des choses de ce bas monde, ils préfèrent lire des auteurs classiques et faire de la bonne musique plutôt que de se préoccuper de problèmes religieux. Nous comprenons aussi ceux qui cherchent à fonder une religion de l'avenir adaptée aux nouvelles opinions sociales, religieuses et politiques. Nous comprenons Albert Kalthoff, pasteur à Brême, qui prononce des sermons à la Zarathusstra, ainsi que le professeur Jules Baumann, qui veut remplacer le néochristianisme par la religion des sciences naturelles. Nous comprenons Meyer-Benfey, qui veut construire la religion de l'avenir sur les doctrines de Schleiermacher et de Mæterlinck.

Nous avons cité les opinions de Loisy. Mais elles ne sont pas isolées. Chacun sait, pour peu qu'il soit au courant de la littérature y afférente, combien souvent, dans l'exégèse et l'histoire ecclésiastique, se font jour des idées qui, somme toute, conduisent aux mêmes résultats que les conclusions auxquelles a abouti Loisy.

Dernièrement, lorsqu'il a parlé de l'union du protestantisme et du catholicisme, Harnack a fait aux réformistes catholiques l'honneur de les classer parmi les disciples de la critique protestante et il a caractérisé ce rapprochement dans les termes suivants : « Les deux partis se tiennent de beaucoup plus près que les réformistes catholiques ne l'avouent. Le temps nous l'apprendra ; il nous enseignera également si l'autorité ecclésiastique que ces réformateurs veulent laisser subsister n'est toujours que la vieille autorité ou bien n'est plus une autorité du tout. »

Il est hors de doute que, ces dernières années, les écrits exégétiques et historico-ecclésiastiques du protestantisme allemand, dont la plupart sont imprégnés de réformisme, ont exercé une multiple influence sur les savants catholiques. On ne semble pas avoir saisi, dans ces milieux, toute la portée du système adopté. Ou bien, lorsqu'on découvrit, non sans étonnement, cette portée, on recourut à toute espèce de moyens désespérés pour s'illusionner sur la situation.

On alla, faute de mieux, jusqu'à chercher un refuge dans cette chimère de quelques tenants d'une scolastique décadente, d'après laquelle quelque chose peut être vrai théologiquement, qui serait faux philosophiquement et historiquement.

Quiconque réfléchit avec calme et sans parti pris se rend maintenant parfaitement compte que le réformisme catholique suit le même chemin que le réformisme protestant, mais en courant plus vite au but. Il arrivera, comme lui, à un Jésus sans Christ, à un Christ sans Fils de Dieu, à un Fils de Dieu sans Eglise, à une Eglise sans dogmes, sans sacrements, sans sacerdoce. Tout cela, naturellement, n'était qu'un rêve. Pourquoi ce rêve ne s'évanouirait-il pas comme tous les rêves ?

Ce qui rend le mouvement réformiste extrèmement pernicieux, c'est sa manière de procéder. Il ne combat pas les vérités fondamentales du christianisme à visière levée, à la façon des révoltés et des matérialistes. Les réformistes emploient même le vieux langage, les mots sacrés d'autrefois, auxquels ils donnent, il est vrai, un sens étranger et détourné. Par sa manière d'être et d'agir, le réformisme nous rappelle l'arianisme et la gnose, qui voulaient réconcilier le christianisme avec la science du siècle, l'améliorer et lui donner plus de profondeur.

Après que la lutte gigantesque entre la vieille et la nouvelle foi en France eut tourné à l'avantage de la religion catholique, le calvinisme engendra le jansénisme, qui fut une sorte de réaction au sein du catholicisme. De même, après que l'Eglise catholique fut sortie triomphante de la crise des années 70, il s'est produit un mouvement réactionnaire qui a donné le jour au réformisme catholique, à l'aide de la philosophie néokantiste et de la théologie réformiste protestante. Ces deux phénomènes de réaction ont ceci d'analogue qu'ils ont produit tous deux des spectacles affligeants. En ce qui concerne le réformisme catholique particulièrement, on ne se serait certes pas attendu à ce qui se passe aujourd'hui. Personne n'y aurait songé, il y a vingt ans, lorsque Léon XIII convia les catholiques à un actif travail intellectuel.

IV

Léon XIII qui avait l'œil ouvert et l'intelligence avertie sur tout ce qu'il y a de grand dans la civilisation moderne, Léon XIII qui ne cessa d'encourager les catholiques à se vouer aux recherches scientifiques, Léon XIII a voulu, en recommandant aux catholiques l'étude de saint Thomas, et de sa philosophie, leur donner un terrain solide, d'où ils pussent observer et juger sainement le mouvement intellectuel du temps présent. En effet, saint Thomas dans sa philosophie, pour laquelle il a utilisé les travaux des Pères de l'Eglise, a fait servir la philosophie d'Aristote à l'exposition méthodique et à la structure dialectique de la connaissance des vérités chrétiennes par la voie de la philosophie spéculative. Ennemis et amis reconnaissent que la philosophie de saint Thomas d'Aquin a atteint l'apogée de la philosophie dans le christianisme et a accompli une œuvre intellectuelle géante, sur laquelle les générations suivantes de penseurs chrétiens peuvent continuer à construire en toute sûreté.

Lorsqu'un penseur moderne, dans son histoire du matérialisme, admirant la majesté des cathédrales qui élèvent vers le ciel leurs voûtes et leurs clochetons, cherche l'explication de ces œuvres dans le saint respect avec lequel on accueillait les mystères, il oublie que l'imposant édifice intellectuel de saint Thomas est contemporain de ces merveilleuses créations et que la philosophie chrétienne, telle qu'il l'a édifiée, est sortie de la source génératrice de ce même christianisme vivant qui a produit tant d'organismes nouveaux dans tous les domaines.

L'histoire de la philosophie chrétienne est, en bonne partie, l'histoire de l'esprit catholique. Son origine et son épanouissement coïncident avec le magnifique essor de la civilisation chrétienne, tandis que le déclin de la philosophie scolastique marque aussi la décadence de cette civilisation, l'invasion triomphante de la Renaissance, les luttes de la Réformation qui affaiblirent extérieurement l'Eglise et semblèrent même la conduire à la ruine.

Par contre, lorsque les catholiques, de nouveau conscients de leur foi, cherchèrent un renouvellement de force et de vigueur dans l'approfondissement des vérités chrétiennes, lorsque la contre-Réformation, non seulement fit reculer les assaillants et reconquit des territoires perdus, mais encore accomplit, dans le monde moderne, sa mission apostolique avec un élan merveilleux, alors la philosophie scolastique revécut une seconde période d'efflorescence, et ses représentants apportèrent un concours décisif à l'œuvre de régénération de la vie catholique et de la science catholique.

Sans doute, les hommes du siècle de lumière ne négligèrent aucune occasion de ridiculiser la scolastique. Mais le déclin de la vie religieuse et l'ingérence de l'Etat dans les études théologiques prouvèrent, comme la conséquence prouve la cause, l'oubli dans lequel étaient tombés les grands penseurs des temps passés, au milieu de tous les essais tentés pour accommoder la foi aux exigences d'un rationalisme superficiel.

Avec le joyeux réveil du catholicisme au XIXᵉ siècle, on revint à l'étude de la scolastique, que l'on avait dédaigneusement traitée en relique mortuaire de siècles disparus. La tentative, venue des milieux d'où sortit le livre de Janus, ne réussit pas à entraver la marche progressive de ce retour à la scolastique, et le pontificat de Léon XIII fut le témoin et le promoteur puissant d'un courant profond qui devait donner à la scolastique une nouvelle importance.

Rien ne serait plus absurde, cependant, que de se représenter la philosophie scolastique actuelle comme une simple reproduction de la philosophie de saint Thomas. Non, nous croyons à l'enrichissement de la philosophie chrétienne par les résultats certains de l'investigation moderne, notamment dans le domaine de l'histoire et des sciences naturelles. Un exemple de l'heureuse application de la science moderne au développement de la philosophie thomiste nous est fourni par un savant qui a beaucoup contribué au réveil de la philosophie scolastique. L'Eminentissime cardinal-archevêque de Malines, Mgr Mercier, a donné, en effet, dans ses études psychologiques, la preuve éclatante que les recherches les plus modernes sur le terrain de la physiologie et de la psycho-physique contribuent à démontrer la vérité de la doctrine de saint Thomas sur l'âme et ses propriétés.

Ce que Mgr Mercier a réalisé dans le domaine de la psychologie, d'autres investigateurs l'obtiendront dans d'autres sphères de la philosophie et ainsi nous pouvons espérer que la philosophie scolastique parviendra, dans le cours du xxᵉ siècle, à une nouvelle floraison. C'est ainsi qu'on renouera avec fruit les liens de la grande tradition catholique et qu'on gardera et augmentera le trésor scientifique légué par les âges chrétiens. Nous ne voyons pas pourquoi nous nous payerions de l'illusion que la vraie philosophie n'a commencé qu'avec Kant.

Le Pape glorieusement régnant Pie X n'a cessé de faire ressortir l'importance de la tradition catholique et il a mis les catholiques en garde, avec une grande énergie, contre un scepticisme malsain.

Si l'on veut sa voir à quel point la philosophie peut réagir sur la conception de la question sociale, on n'a qu'à songer à Lamennais. Ce génie ardent semblait appelé, par ses grandes qualités du cœur et de l'esprit, à être le père de la réforme sociale-chrétienne. Ses égarements philosophiques l'ont conduit à être l'apôtre de l'anarchie apocalyptique. C'est là un terrible exemple, qu'on ne saurait trop méditer.

Je comprends, cher ami, que la jeunesse catholique de nos universités s'intéresse à la grande question sociale, et je suis grandement réjoui de la voir se ranger parmi les combattants désintéressés qui luttent pour un meilleur droit social. *Mais que ces jeunes champions sachent, à l'exemple des socialistes, apprécier toute la valeur de l'unité des esprits dans la manière de concevoir le monde et la vie ! La jeunesse catholique ne déploiera victorieusement sa bannière dans la bataille sociale que si elle base son action sur le fondement solide de l'unité de doctrine.* La question sociale n'est pas seulement une question d'estomac ; c'est une question de civilisation dans le plus large sens du mot. Le véritable idéal de culture chrétienne que nous poursuivons est celui-là même qui est dépeint en couleurs si chaudes et en lignes si précises par le prince de la scolastique.

Ce n'est point par un simple hasard que le mouvement social-chrétien se trouve ramené à l'étude des œuvres de saint Thomas d'Aquin, car nous ne connaissons pas d'autre philosophie qui se trouve, dans sa morale, en plus irréductible contradiction avec l'économie politique libérale, que la philosophie thomiste. A l'opposé de la philosophie sociale issue des doctrines du siècle philosophique, d'après laquelle l'égoïsme est le régulateur de la vie économique, d'où est exclue la morale, la philosophie scolastique reconnaît une seule loi morale, qui régit aussi bien la vie économique que la vie individuelle. Et c'est aussi dans cette conception morale de l'économie politique que gît la différence fondamentale des deux systèmes.

Le but de la réforme sociale-chrétienne peut se définir en quelques mots. Elle veut mettre en honneur les principes chrétiens du droit et la dignité du travail, du juste salaire. Elle veut réaliser la justice sociale.

Ce fut une douloureuse fatalité que, au moment où la machine allait révolutionner les conditions du travail, la conception chrétienne de l'ordre social ait été oblitérée dans les consciences par une philosophie sceptique et frivole. Sans cette fatale coïncidence, la machine ne serait pas devenue seulement un puissant facteur de civilisation, mais aussi un bienfait pour tous.

Lorsque la vraie sociologie chrétienne aura remplacé la morale sociale engendrée par la fausse philosophie et issue de l'état de choses créé par l'industrialisme moderne, alors seulement la paix sociale sera rétablie.

Cher ami, je termine cette lettre dont l'un ou l'autre passage, peut-être, te sembleront durs, mais où ta conscience ne trouvera à reprendre, j'ose l'espérer, aucun jugement injuste. Puisse-t-elle t'inspirer la résolution de ne jamais perdre de vue, dans tes pensées et tes actes, cette « colonne de la vérité » dont parle l'Apôtre !

Un noble cœur doit être fier de se sentir en contact intime avec cette Eglise qui, comme dit le cardinal Newman, est persécutée, encore aujourd'hui, pour les mêmes causes qu'au temps de Marc-Aurèle.

Il me vient à l'esprit, à ce propos, une gracieuse image tirée des Saints Livres. C'était après la résurrection du Seigneur. Les Apôtres se trouvaient aux bords de la mer. Alors Pierre dit : « Je vais à la pêche. » Et la petite phalange des autres apôtres s'écria d'une seule voix : « Nous aussi, nous voulons y aller tous avec toi. » Puissions-nous tous comprendre l'enseignement qui se dégage de ce récit sacré c'est-à-dire nous unir étroitement au représentant du divin Fondateur de notre Eglise et adhérer fermement à l'intangible vérité du christianisme, afin que Jésus-Christ soit vraiment pour nous la voie, la vérité et la vie !

A toi de cœur,

Ton dévoué

G. DECURTINS.

Fribourg, le 26 mai 1907.

ANNEXE

—

Parmi les ouvrages que nous avons cités, les uns ont été traduits intégralement en français, les autres ont été mis à la portée des lecteurs par les œuvres historiques et théologiques d'auteurs français. Seul, le livre très intéressant du docteur A. Fr. Ludwig sur Zirkel, évêque coadjuteur de Wurzbourg, n'a pas été rendu accessible au public français. Vu l'importance qu'a cet ouvrage pour ceux qui veulent juger sainement le réformisme catholique, nous avons jugé à propos d'en traduire un certain nombre de pages et de les donner, à la suite de notre lettre, comme appendice. Ludwig a tiré des mémoires, sermons et articles de Zirkel la synthèse de la dogmatique catholico-kantienne, qui intéresse à la fois le théologien, l'historien et le psychologue et nous montre comment la philosophie de Kant, alors comme aujourd'hui, conduit infailliblement ses partisans à la rupture avec le christianisme et l'Eglise.

Nous reproduisons ici, en traduction littérale, le chapitre le plus important : « Dogmatique catholico-kantienne. »

Zirkel est déiste. Mais bien qu'il fasse reposer sa croyance principalement sur l'argumentation morale de Kant, cependant, il ne veut pas exclure tout à fait la démonstration théologique. La raison théorique et pratique conduit à Dieu. C'est Dieu qui a donné l'être à tous les vivants, dans le monde des esprits et dans le monde des sens. C'est Dieu qui conduit tout au but et qui gouverne ces deux mondes.

Dans un exposé des preuves de l'existence de Dieu, Zirkel dit à ses élèves : « Le bel ordre qui règne dans la nature démontre l'existence d'un Dieu dans le monde physique. Dieu se révèle dans les merveilles de la nature physique et morale. Il brille au firmament et nous parle par la voix de la conscience. Il faut intéresser le sentiment à cette vérité, de manière à la faire pénétrer profondément en nous. Toutefois il importe d'exposer cette vérité dans le langage du peuple et du sens commun plutôt que dans de savantes déductions. Car on se sent blessé d'entendre une telle vérité démontrée comme quelque chose de nouveau. Plus elle est soustraite au cœur humain pour devenir l'objet de spéculations, plus elle lui demeure étrangère. »

Et, comme s'il voulait retirer la concession qu'il a faite de la preuve métaphysique de l'existence de Dieu, le professeur continue en ces termes : « Celui qui n'a pas Dieu en lui n'apprend jamais à le connaître. Dieu n'est pas hors de nous ; celui qui requiert une preuve de son existence ne possède pas Dieu. Aucun enseignement ne supplée à l'absence de cette connaissance. L'existence de Dieu n'est pas une théorie à faire pénétrer dans le cerveau ; elle doit enflammer notre zèle pour la vertu, nous fortifier dans le bien, nous consoler dans l'adversité, élever le sentiment de notre dignité morale. Bref, la connaissance de Dieu doit être le principe de notre activité morale et fonder le ciel en nous. Celui en qui agit et vit cette connaissance, celui-là est en Dieu et Dieu est en lui. L'athée est un homme qui a négligé sa culture morale et religieuse, un homme dont le sens de la vertu et de la religion est endurci. »

Ces paroles marquent, en général, la tendance des théologiens kantistes. Après l'apparente destruction des preuves métaphysiques de l'existence de Dieu, ces théologiens se sont efforcés de faire reposer toute leur démonstration sur le penchant naturel du cœur humain à croire en Dieu et sont ainsi revenus au système de preuve ontologique selon saint Anselme.

En plus d'un passage de son journal, Zirkel se plaît à déclarer que la foi en Dieu est un des plus beaux dons de la nature. Il a découvert aussi, en lisant Pascal, que ce penseur n'attache aucun prix à la démonstration métaphysique de l'existence de Dieu. Pascal, dit-il, trouve que les preuves théologiques sont faibles et que vouloir démontrer l'existence de Dieu par la théologie, c'est livrer aux disputes des savants la foi dont tous les hommes ont également besoin. C'est pourquoi Pascal chercha à tirer d'autres preuves du fond de la nature humaine. Il faisait également peu de cas des preuves historiques du christianisme. Or, cette foi humainement naturelle en l'existence de Dieu parcourt en chaque homme individuellement les mêmes étapes qu'elle a franchies, le long de l'histoire de l'humanité, chez des nations entières. « Le jeune homme commence par chercher au ciel un père qui lui donna l'existence supérieure qu'il découvre en lui et qu'il distingue de l'existence physique. De même que le corps est le simple instrument de l'esprit, de même, aux yeux de l'adolescent, Dieu est le grand esprit qui anime l'édifice du monde, et ce monde apparaît à son imagination comme l'organe de l'infinie puissance de Dieu. Se sachant ainsi d'une essence supérieure, l'adolescent se considère lui-même comme une partie de l'être divin. »

Dès lors, d'après les aveux de Zirkel, le panthéisme serait aussi une conception enfantine de l'essence de Dieu.

Zirkel exprime une belle pensée sur la Providence divine lorsqu'il dit : « L'amour de l'homme pour ses parents est le plus profond à l'époque où il ne les comprend pas encore. De même, nous ne comprenons souvent pas le gouvernement paternel de Dieu ici-bas. »

Mais le Dieu de Zirkel n'opère aucun miracle et ne doit pas intervenir dans l'engrenage de l'œuvre créée par lui, parce que Kant a décrété qu'il n'y a pas de miracle. Cependant la notion du miracle doit être vraie, du moins en *pratique*. Il est extrèmement intéressant de voir la peine que se donne Zirkel, malgré la négation théorique du miracle, pour sauver cette notion qui est si naturelle à l'homme. Ecoutons-le. Il expose d'abord les objections des adversaires du miracle et s'explique avec eux. « Dans la nature, dit-il, tout arrive d'après des lois éternelles et nécessaires. Ce qui ne concorde pas avec elles n'existe pas. De rien ne procède rien, et tout ce qui arrive a sa cause dans un phénomène antérieur dont il est la conséquence naturelle. Tels sont les principes immuables de la raison humaine. Admettre qu'il se produise dans le monde des sens quelque chose qui a son fondement dans l'influence d'un être n'appartenant pas à ce monde-là, c'est supprimer la nature et la vie expérimentale, c'est transformer le monde des faits en une histoire de rêve, où tout est le produit d'une force magique. Que l'on parle seulement d'un ou deux miracles, peu importe. Un seul miracle, dans le monde, supprime déjà toute la nature, rend toutes nos connaissances incertaines et inflige un désaveu à notre raison. Le témoignage d'un ou plusieurs hommes ne peut rien contre les lois immuables de la pensée et de l'expérience qui lient la raison. Il est plus juste d'admettre que ces témoignages sont inventés on reposent sur une illusion. D'où vient donc la croyance universelle au miracle ? Est-ce que cette notion est entièrement erronée, sans un fondement de vérité, sans objet qui y corresponde ? Ne serait-elle qu'une apparence pour attirer l'homme dans des voies détournées et pour le livrer plus facilement aux supercheries d'habiles séducteurs ? Non, la *notion du miracle est vraie*, mais point dans la sphère de l'intelligence, c'est-à-dire point dans le monde des sens où elle déterminerait des faits objectifs. Elle est vraie seulement dans la sphère du *jugement*, c'est-à-dire seulement dans le monde subjectif qui est en nous ; elle explique alors, pour nous, les rapports des phénomènes naturels avec notre nature morale. L'emploi de ce terme de miracle ne s'étend donc pas aux choses extérieures, mais se limite au monde intérieur. Il vise à faciliter la poursuite du but moral de l'humanité en nous et hors de nous ; il établit le rapport dans lequel nous pouvons et devons envisager, de ce point de vue supérieur, les divers phénomènes du monde physique. Pour ce motif, précisément, nous ne saurions imposer à personne notre foi. Ce qui est pour nous un miracle et ce qui nous entraîne, par l'effet de l'extraordinaire, à adorer Dieu, à lui imprimer notre reconnaissance, peut n'être pas un miracle pour un autre homme, habitué à considérer les événements sous l'angle des lois naturelles et non point d'après le plan et les vues d'un être supérieur. Ce qu'un parti religieux célèbre comme l'effet immédiat de l'intervention divine, parce qu'il interprète certains incidents d'après les vues du gouvernement moral du monde, un autre peut y voir quelque chose de tout à fait naturel.

. Si nous parcourons l'histoire humaine, nous trouvons que, dans les siècles d'ignorance, elle a interprété tous les événements et phénomènes du monde comme des actes immédiats de Dieu ou comme les effets de l'intervention d'êtres célestes, anges ou démons. L'homme introduisit son propre moi dans le monde, hors de lui-même, et se représenta Dieu comme l'âme du monde, répandant la vie dans toute les parties de tout incommensurable et agissant partout. Il est vrai qu'après de longues observations cette foi disparut. Mais elle se maintient avec d'autant plus de ténacité dans l'exceptionnel, dans l'extraordinaire. L'homme expliqua de la même manière les phénomènes de son esprit. Toutes les hautes résolutions venaient de Dieu, tout ce qu'on rêvait de lui, toutes les transformations inattendues de l'âme, tout était de Dieu. Il y eut donc des miracles dans le monde physique et dans le monde moral. Si nous nous mêlons à la classe populaire, nous trouvons la confirmation de ces remarques. Dès qu'un homme échappait à un danger visible de mort, c'est Dieu qui l'avait sauvé. Et lorsque quelqu'un se relevait d'une dangereuse maladie, sans remèdes, c'est encore Dieu qui l'avait guéri. Dieu fait les mariages et les bénit d'une postérité ; il donne la longévité, déchaîne la guerre ou accorde la paix. Un malheur venait-il à frapper quelqu'un, on disait : c'est Dieu qui l'a voulu. On conteste aujourd'hui les miracles et l'on affecte une sorte d'incrédulité, pour le motif qu'il n'arrive plus de miracles aujourd'hui. Cela prouve qu'on connaît fort peu l'homme et qu'on a cessé, sous l'empire des spéculations métaphysiques, d'observer le cœur humain tel qu'il est. On n'a pas encore trouvé dans ce cœur la place où la conception du miracle a sa source. On ne sait pas non plus l'usage qu'on doit en faire, ni où il faut en faire l'application, ni quelle portion de vérité elle contient. Ce qu'il y a de certain, c'est que cette conception se rattache à la croyance en une Providence gouvernant le monde, ou bien, comme on se plaît à s'exprimer actuellement, en un ordre moral du monde, ou encore, selon d'autres termes, la foi en un Dieu régissant l'univers.

Si cette croyance est nécessaire à la sauvegarde de notre vertu, si nous avons besoin de nourrir une espérance pour soutenir nos efforts vers le bien et atteindre le but moral que nous poursuivons, nous devons concéder, à Dieu ou à la Providence divine, une influence active sur les affaires du monde ; nous devons lui reconnaître la direction du monde d'après ses vues supérieures, sinon nous enlevons aux croyants toute leur confiance. Qu'est-ce qu'un Dieu qui n'a aucun pouvoir sur la nature ou qui reste insouciant et inactif ? Qu'est-ce qu'un ordre moral du monde qui n'ordonne rien ? Qu'est-ce qu'une Providence qui ne prévoit rien et ne gouverne ni n'agit d'après les plans de la sagesse éternelle ? La notion de l'influence d'une intelligence supérieure sur les affaires du monde, c'est-a-dire la notion du miracle, est seule capable de donner ce réconfort moral et religieux ; elle fonde l'espérance qu'éprouve tout homme vertueux.

Celui qui croit à la Providence doit pratiquement croire aux miracles, c'est-à-dire à l'action providentielle sur les événements du monde. Sinon, il ne se comprend pas lui-même et sa foi est morte, sans valeur et sans consolation ; elle n'apporte aucune sécurité à cette créature raisonnable et physique qu'est l'homme. Peu importe comment il conçoit l'influence de la Providence. Que cette influence soit médiate ou immédiate, la Providence a toujours les rênes en mains. Il importe peu également que le croyant étende l'action de la Providence sur le cours ordinaire de la nature, ou la limite aux événements extraordinaires. L'extraordinaire n'existe qu'en raison de notre connaissance imparfaite des lois naturelles. Mais, dans le système ci-dessus, l'extraordinaire fait partie de l'ordre universel. Le cours ordinaire des choses cesse d'être ordinaire, pour peu qu'on raisonne logiquement, dès qu'on veut se représenter une action providentielle s'exerçant à côté des lois naturelles dans une marche parallèle. Car, alors, l'événement se produit tantôt d'après les lois de la nature, tantôt d'après l'impulsion d'une force invisible. En ce dernier cas, l'événement cesse d'être un fait d'ordre universel d'après la nature, attendu qu'il n'a pas son fondement dans une cause naturelle. L'extraordinaire ressort davantage, non point seulement parce que la Providence agit contrairement aux lois de la nature, mais plutôt parce que, dans un cas particulier, elle suspend totalement ou partiellement leur action, en lui substituant son influence supra-terrestre. L'extraordinaire est le même dans les deux cas. Seulement, dans le premier cas, il jette les sens dans l'étonnement, et, dans le second cas, il est imperceptible. Or, on ne peut pas concevoir d'une autre manière l'intervention de la Providence dans les affaires du monde. Il est naturel que l'ignorant soit plus frappé par certains phénomènes extraordinaires dans le monde physique, où il voit l'action de la Providence, que par les phénomènes extraordinaires dans le monde moral. Il est très naturel aussi que cet ignorant conçoive l'intervention providentielle sous une forme intermittente, n'agissant que de temps à autre, lorsque tout semble aller à la dérive. Cette conception lui entre mieux dans la tête que celle d'une intervention permanente dans les petites comme dans les grandes choses. Mais cela ne saurait avoir d'influence sur notre recherche des motifs de la croyance au miracle, croyance qui se manifeste avec tant d'énergie dans l'humanité entière. L'homme considère le monde comme un tout organisé d'après un plan. Ce plan vise, ou bien des buts naturels, ou bien des buts moraux. Le cœur plein de l'idée que l'homme a la noble vocation d'agir en vue de la perfection morale du monde, fier du haut sentiment de sa dignité d'être libre et capable d'atteindre la perfection morale, l'homme s'envisage comme le but de la création, comme le favori du Créateur et l'enfant de la maison, au service duquel tout le reste est destiné. La nature lui apparaît bien au-dessous de lui, à ses pieds. Il la tient pour une servante de l'humanité, servante qui lui a été donnée pour subvenir à ses besoins matériels et pour l'aider à atteindre sa destinée et ses vues supérieures. Toutes les lois de la nature sont établies d'après ce plan, ou du moins sont subordonnées à ce plan par une force invisible. L'homme étant seul une personne, tout hors de lui est chose.

L'homme étant à lui-même son but, tout le reste n'est qu'un moyen au service de l'homme. Les miracles ne se produisent que pour lui. Chaque homme vénère les traces de la Providence dans sa vie ; c'est la Providence qui l'a guidé à travers l'heur et le malheur. L'histoire de l'homme en petit, c'est aussi l'histoire de l'humanité en grand. La Providence a tiré cette humanité de l'état d'animalité et l'a conduite par étapes vers une sphère toujours plus élevée. Elle répartit les hommes en peuplades et plia les circonstances à leur gré ; elle eut la main dans tous les grands événements qui ont eu une influence décisive sur le cours de l'histoire à travers les siècles. La Providence s'occupe de toute une génération avec la même sollicitude qu'elle s'occupe de chaque homme en particulier. Les destinées de l'humanité exigent le gouvernement de la Providence. Mais en quoi consiste cette direction providentielle ? Comment l'homme peut-il la justifier à ses propres yeux ? Comment gardera-t-il sa foi en présence des lois naturelles qui lui sont connues ? Ne se trompe-t-il pas en se flattant que les événements du monde sont subordonnés à son devoir, et la nature soumise à sa foi, selon la parole : « Si vous aviez la foi, vous transporteriez les montagnes » ?

Les événements peuvent être considérés dans leur suite ou bien dans leur simultanéité. Dans le premier cas, ils se succèdent comme d'une cause à effet. Tout ce qui arrive a sa cause. Ici donc aucun miracle n'est possible. Mais nous pouvons considérer les événements du monde dans leur simultanéité, leur coopération, leur *tendance,* d'où provient un *succès* qui n'a sa cause que dans ce concours fortuit de circonstances. Nous ne pouvons introduire la connexité de l'ordre dans ce désarroi et cette mosaïque que si nous y plaçons la notion du *but* et si nous attribuons à une volonté la subordination des divers événements à ce but. De même que nous attribuons un but à la vie organique de la nature et la personnifions d'après ce but, de même nous donnons aux événements une tendance qui vise l'homme et sa conservation. C'est au même point de vue que l'homme considère les phénomènes du monde moral. Ces phénomènes sont des moyens servant à conduire l'homme à la moralité. Mais, précisément, pour cela il y a une Providence qui dirige les affaires d'après sa sagesse, comme c'est aussi la Providence qui a créé la nature et l'a disposée à recevoir l'homme. Cette Providence s'occupe du bien des individus, comme aussi du bien des peuples. Elle est une *Providentia ordinaria,* une Providence qui poursuit son but dans le cours ordinaire des choses, ou bien une *Providentia extraordinaria* qui provoque et dirige d'une main invisible, dans le monde moral, des événements et révolutions tout à fait extraordinaires. Par cette méthode théologique il est possible de raisonner sur maint grand événement et sur son influence à travers les siècles, il est possible d'expliquer les miracles souvent incompréhensibles qui se produisent dans le monde moral. Le christianisme, par exemple, apparaît dans l'histoire comme un de ces miracles. »

Personne ne niera que Zirkel a su présenter sa nouvelle théorie du miracle avec une habileté séduisante et une argumentation raffinée. Mais, finalement, le sens de son long discours est qu'il n'y a pas de miracle dans le sens que l'Eglise donne à ce mot. Il substitue à la notion dogmatique du miracle celle de la Providence divine. Par là, il pense donner satisfaction aussi bien aux exigences des sciences naturelles qu'à celles de la foi. D'un côté, si l'on se place au point de vue empirique, tout ce qui arrive semble naturel. De l'autre côté, c'est le merveilleux qui apparaît, si l'on considère les événements au point de vue de l'âme croyante.

De même que la notion du miracle, celle de la *Trinité* a un emploi, sinon mathématique, du moins pratique. Si décriée que soit notre dogmatique, dit Zirkel, elle contient en ce point la plus fine métaphysique de la religion et c'est le plus bel exercice pour un cerveau philosophique. *Dieu est incompréhensible*. La raison de l'homme cherche à rendre cette incompréhension compréhensible. Elle impose à l'intelligence physique le devoir de reconnaître la raison dans cette incompréhensibilité et, en la reconnaissant, de pratiquer l'humilité, d'avouer sa faiblesse et de se soumettre avec une complète résignation. De là vient que chaque religion a ses mystères. Toutefois elle ne les pose pas pour elle-même, mais pour *exercer la foi* à l'aide de ces mystères. Ce sont des problèmes destinés, non pas à exciter la curiosité, mais à la tenir à distance et à imposer silence à l'avidité de l'investigation humaine. Ce sont des énigmes insolubles qui sont posées, non pas pour qu'on en désespère, mais pour qu'on se retire avec respect, en se disant que les forces de l'intelligence ont des limites, et en accomplissant le devoir de la foi par le sacrifice de l'orgueil que nous inspire le haut vol de notre pensée. Est-ce que Dieu est plus incompréhensible si nous le concevons *un en trois personnes ?* Non, cette doctrine n'a d'autre but que de nous mieux démontrer cette incompréhensibilité et de nous retenir de la vaine tentation de vouloir sonder la divinité dans son essence. La doctrine d'un seul Dieu en trois personnes semble renfermer une contradiction, mais notons que cette doctrine a une simple portée *pratique* et non pas mathématique. Elle enseigne que tu ne dois appliquer à Dieu aucune mesure du temps et de l'espace... La religion aime donc les mystères. Comment expliquer, sans cela, que l'esprit humain se soit occupé pendant des siècles de ces énigmes insolubles, rendues indéchiffrables à plaisir et, pour ainsi dire, à dessein ? Ne peut-on pas supposer que l'esprit humain ait quelque intérêt à cette incompréhensibilité ? Sinon, n'aurait-il pas dû la repousser, à première vue, comme un inutile supplice de l'esprit, comme une absurdité, comme la négation de toute raison humaine, comme l'invention d'un fou ? C'est ainsi que, dès l'origine, l'esprit humain s'ingénie à jeter un voile impénétrable sur ce qui est Dieu et de Dieu. L'Egyptien érigea un sphinx devant son sanctuaire, l'Israélite un chérubin, le Chrétien une idée composée de notions contradictoires : la *Trinité*. Ne tombe pas dans un stupide étonnement, ne creuse pas avec une vaine curiosité cet abîme qui s'appelle l'Eternel ! Adore-le, l'Incompréhensible ! — Cependant *l'histoire* a le devoir de donner des *éclaircissements* sur la genèse de cette idée. Déjà Pythagore trouva dans les nombres *un* et *trois* de grands mystères et il en tira tout l'historique de la création. Car, dit-il, bien que 1 soit le principe de 3 et que 3 ne serait pas possible sans l'existence préalable de l'unité, néanmoins ce nombre de 3 est le premier qui établit les rapports de trois unités simultanées, le premier qui constitue un tout bien délimité. Trois lignes qui se touchent forment une figure : *Unitas in trinitate, trinitas in unitate.* Aristote lui aussi, dit (Lib. I. *De cælo*) : *Quapropter hoc a natura numero sumpto scil. Terno perinde ac quadam illius lege et in deorum sacrificiis celebrandis uti solemus.* Et Théocrite nous apprend que, dans les sacrifices, on s'est tenu au chiffre de trois. D'autres, comme Thomas d'Aquin, ont donné pour fondement à la doctrine de la Trinité l'analogie avec les facultés de l'âme humaine. « L'homme est un moi qui pense, qui sent, qui veut. Et cependant ce n'est qu'un homme en chiffre. La pensée de l'homme est son pur produit ; de là le Fils engendré du Père dans la divinité. La volonté de l'homme tend vers les sommets ; c'est une force qui sort de lui pour le pousser à agir. De là le Saint-Esprit qui procède du Père et du Fils. »

Avec Kant, avec l'auteur des fragments de Wolfbüttel, et le rationaliste Guner, à Halle, Zirkel enseigne que la Trinité n'est pas autre chose que la transmission des rapports moraux de la nature humaine à la Divinité elle-même. En ce qui concerne particulièrement la personne divine du *Logos*, elle n'est pas autre chose que la loi sacrée de la raison considérée par les hommes comme la parole infaillible de Dieu. L'Orient, ajoute Zirkel, a personnifié ce « Verbe de Dieu ». Il semble qu'on ait été conduit à ce résultat en réfléchissant au langage merveilleux qui découvre le monde intérieur de l'homme, révèle les mystères éternellement voilés du cœur et féconde les pensées.

L'homme — toujours selon Zirkel — a *hypostasié* ce Verbe et lui a assigné un rang supérieur dans l'échelle des forces naturelles. Mais on ne pouvait imaginer que cette force céleste existât et fût efficace sans un *substratum* composé de matière céleste. Elle ressemble à la lumière en riant qu'elle éclaire l'esprit ; au pain du ciel en tant qu'elle réconforte l'âme affamée ; à la puissance divine en tant qu'elle remplit de béatitude le cœur de l'homme qu'aucune joie céleste n'apaise ; à un contre-poison qui tue la peste des mauvais penchants ; à un élixir qui agit contre la mort et donne à l'homme une vie dominant les organes du corps. Toutes ces images représentatives, dans lesquelles la mystique se complaît tout particulièrement, se rapporteraient donc à l'idée d'un Verbe substantiel, incarné, de nature divine, et aux diverses interventions de ce Verbe. C'est de ce Verbe que parle saint Paul dans sa lettre aux Hébreux, et toute la théologie de saint Jean repose sur cette *hypostatification*.

Zirkel interprète aussi à sa façon la doctrine du Saint-Esprit. Cette doctrine qui fait du Saint-Esprit un être divin, lequel procède de Dieu, console l'homme et l'éclaire, être divin dont la nature est l'amour, le désir du bien moral, cette doctrine à laquelle la fête de la Pentecôte donne une valeur historique, cette doctrine ainsi matérialisée a pour fondement une vérité toute simple, à savoir que l'homme n'est pas seulement un être animalesque, qu'il possède la faculté de la liberté, qu'il n'est pas seulement matière, mais esprit. Le chrétien sage, naturellement, ne s'en tient pas à l'enveloppe, mais il pénètre dans la vie intérieure qui le remplit. Il renonce à saisir la chose avec les mains conformément à la parole du Christ : « Bienheureux ceux qui croient et ne voient pas. » L'esprit et l'histoire, la vérité surnaturelle et la représentation sensible dans les faits sont toujours accouplés dans le christianisme, comme l'âme et le corps. L'histoire et l'exposé des faits ne sont là que pour l'esprit et la vérité. Autrement, ils n'ont ni sens ni vertu. « Est-ce que tu doutes qu'il soit *chrétien*, celui qui s'en rapporte à la vérité évangélique, tout en laissant de côté, avec respect, l'histoire évangélique ? Quant à moi, j'hésite beaucoup plus à admettre qu'il mérite le titre de chrétien, celui qui s'en rapporte aveuglément à l'histoire et reste étranger à la vérité qui s'y trouve cachée. Le même homme pourrait être aussi bien juif ou mahométan ; il serait, là comme ici, tout prêt à croire à l'histoire. Le Sauveur pensait autrement. Lorsque ses disciples se plaignirent qu'un homme chassât les démons en son nom et, néanmoins, ne se rangeât point parmi ses disciples, il répondit : « Qui n'est pas contre nous est pour nous. » Le chrétien selon l'esprit et la raison n'est pas contre l'histoire ; seulement, il la voit comme moyen et non pas comme but. Cet instrument reste quand même, à ses yeux, parfaitement respectable, bien qu'il n'en ait pas besoin. Car il a son Évangile dans le cœur. »

Cette démonstration de Zirkel éclaire d'un triste jour la légèreté avec laquelle les penseurs du siècle philosophique manipulaient l'histoire évangélique. Si l'on voulait traiter de la sorte l'histoire profane, tout le passé historique se dissoudrait dans la brume. Mais, en distinguant entre l'esprit et l'enveloppe matérielle, entre la vérité théorique et la vérité pratique, entre la religion du peuple et la religion des sages, on avait trouvé un moyen commode de se défaire de tout ce qui paraissait choquant et incompréhensible à la raison autonome et, en même temps, de rester néanmoins dans le sein de l'Eglise avec une prétendue bonne foi. On a ainsi aisément déblayé le terrain des difficultés que présente à l'intelligence raisonnable le mystère le plus élevé de notre foi. Il a suffi pour cela d'interpréter le *Logos et le Pneuma* comme les facultés humaines de connaître et de désirer, facultés qu'on a reportées à Dieu et qu'on a hypostasiées. Et Zirkel ose glorifier encore une pareille jonglerie, en disant qu'elle affermit le respect de l'homme envers lui-même. Car, dit-il, l'homme ne peut, après cela, que se considérer comme participant de la nature divine, et il ne lui est possible que de méconnaître sa vocation à la religion comme fils et à la vertu comme esprit. Donc, chaque fois que l'homme adore le Fils et le Saint-Esprit en Dieu, il ne fait que reconnaître sa haute destinée et s'approcher du divin. Il devient Fils, il est Esprit ; Dieu est en lui Fils et Esprit ; le meilleur de lui-même est en Dieu.

De même que la notion de la Trinité, la notion d'une création tirée du néant doit aussi provenir de l'intérieur de l'homme et ne contenir qu'une vérité pratique, à savoir que l'homme se transforme lui-même en un nouvel être et se crée esprit. Cette régénération de l'homme, qui est devenu maintenant, au point de vue moral, un tout autre homme, cette nouvelle création de lui-même, qu'il obtient par la foi en Dieu, voilà ce qu'il faut entendre par l'acte qui consiste à tirer les choses du néant !

La doctrine des anges et des démons n'est pour les kantiens qu'une idée matérialisée, l'idée de la Providence régissant toutes choses, ou aussi l'idée de la conscience. D'après Zirkel, le peuple ne peut pas se faire de la Providence d'autre idée que celle-ci : Dieu dirige toutes les affaires du monde par l'intermédiaire de milliers d'être saints, qui sont informés de sa volonté ; il est partout présent et il agit sur le cours de la nature pour le bien de ceux qui ont confiance en lui. Cette doctrine a pour but de tranquilliser l'homme, de l'armer de patience dans le malheur, de l'encourager à être fidèle à son devoir, même dans le cas où les apparences ne font pas prévoir le succès, de ne jamais perdre courage et de ne pas désespérer, même à la vue de l'écroulement du monde. Lorsque le Sauveur disait qu'il avait à ses côtés des légions d'anges, cette parole signifiait tout simplement que la Providence était assez puissante pour le sauver si cela était dans ses desseins. C'est ainsi que le peuple s'imagine la Providence de Dieu et l'organisation de son État céleste.

Par cette représentation, il rend plus tangible l'idée pratique ou raisonnable de la Providence ; il conçoit, d'une manière sensible et appropriée aux ciconstances terrestres, la solution apaisante du problème, afin de fortifier l'âme tremblante par la pensée d'un ange de Dieu debout près de lui. L'ange a été créé par la peur du danger et par la confiance en Dieu, gouverneur moral du monde. Ce gouvernement moral du monde consiste aussi à diriger l'homme vers sa destinée morale. Le langage de la conscience est si puissant chez l'homme, il provoque tant de respect que l'homme le prend pour le langage de Dieu ou d'un être céleste supérieur. L'homme est environné de tant de faiblesse et entraîné avec tant de violence par ses penchants qu'il n'ose pas s'attribuer à lui-même le Dieu qu'il découvre en lui. Le sens moral, la vénération qu'il éprouve en silence pour la vertu ne sauraient être, selon son jugement, le produit de son cœur corrompu. Un sentiment d'horreur le saisit lorsqu'il est sur le point de faire le mal ; une force invisible le retient de l'exécution de son dessein ; un témoin visible l'oblige à rougir, son propos chancelle, sa force l'abandonne ; un ange de Dieu l'a préservé du mal et l'a sauvé de la chute. L'homme inculte méprise sa conscience ; il brave le droit et le devoir. Néanmoins il redoute l'ange qui hait le mal et qui est prêt à en tirer vengeance sur-le-champ. L'homme tiède et sensuel se place au-dessus des exigences de la vertu et ne prend pas garde aux douces impulsions de la conscience. Mais il s'incline aussitôt avec respect et prête attention à cette voix intérieure si elle lui paraît venir de son bon ange. Cette manière de concevoir les choses est habituelle dans les civilisations inférieures ; la raison, en cet état rudimentaire, transforme instinctivement les idées en êtres réels, pour obtenir l'effet que ne pouvait produire l'idée abstraite, la vérité nue. L'imagination inventive travaille au service de la raison. C'est cette pensée qui a aussi donné naissance à la fête des saints anges. Chaque homme, en effet, est assisté d'un esprit saint qui l'accompagne tout le long de la vie, le remplissant de confiance en la Providence divine : un esprit qui le met en garde contre le mal, l'encourage au bien, le fortifie et le console dans le malheur, lui donne la force de ne pas succomber à la tentation.

Cet esprit caché est son témoin, son ami fidèle qui l'éclaire et l'avertit... Cet ange n'est que la conscience elle-même personnifiée. Et la fête des saints anges n'a d'autre but que d'éveiller dans l'âme humaine le respect de la conscience et de la loi morale, et d'exercer une plus grande influence sur ses actes par l'image d'un être supra-terrestre. De là vient aussi la croyance que chaque homme a auprès de lui un mauvais esprit qui cherche à le séduire. C'est la concupiscence... Ces images représentatives ont leur origine dans la conception matérielle qui est le propre de l'homme. La doctrine des bons et mauvais anges appartient dès lors au domaine de la religion populaire. Cette manière de penser par signes sensibles, ces incarnations et ces hypostases sont un vrai besoin pour l'humanité de culture inférieure. Lui enlever cette façon de concevoir les choses, c'est-à-dire chercher à l'éclairer, ce serait rendre le peuple immortel. Dis au peuple que l'ange gardien n'existe pas en dehors de lui, que c'est sa conscience, crois-tu qu'il restera aussi pieux, qu'il craindra davantage de faire le mal ? Non, cette crainte qui seule pouvait dompter sa brutalité sensuelle a disparu... *C'est pourquoi gardons-nous d'exclure cette doctrine de l'enseignement populaire.* Au contraire, il faut la maintenir dans toute sa portée pratique, et les hommes doivent apprendre par elle à se respecter, eux et leurs semblables, comme êtres moraux.

« Voilà l'usage pratique qu'on peut faire de cette doctrine. Elle conduit, en effet, au même but que le sage atteint par le respect envers lui-même et envers la loi morale. La seule différence qu'il y ait, c'est que le sage voit la vérité d'un regard dégagé de toute intermédiaire, tandis que le peuple ne peut la supporter qu'à travers un voile. Le sage respecte cette enveloppe matérielle, parce que, sans elle, la vérité ne remplirait pas son but et ne serait pas comprise du peuple. Cependant, si l'on s'en tenait purement à l'image et si l'on perdait de vue l'essentiel, on tomberait dans la superstition. »

La doctrine du diable et de ses tentatives est aussi, d'après Zirkel, une doctrine imaginée pour le peuple et serait tout simplement un écho attardé de la *Théologie persane*. C'est à cette influence malfaisante des *Dews* que se rapportent ausi bien le passage de l'Ephèse 6, 12, que l'enseignement des Pères de l'Eglise au sujet d'un démon de la luxure, de l'intempérance, de l'ambition, etc. Cette doctrine a pour but de mettre l'homme en garde contre lui-même, et bien qu'on ne croie plus aux exorcismes, cependant il y a au fond de cette pratique cette bonne pensée, c'est qu'il faut chercher dans l'homme même le siège du mal.

En ce qui concerne l'*immortalité de l'âme*, les anciens livres religieux des Juifs n'en font aucune mention. D'après les conceptions antiques, l'esprit, qui était émané de l'essence divine, retournait, comme le rayon retourne au soleil, à la source originelle de son être. Il n'était pas question d'une permanence de vie personnelle. C'est dans ce sens panthéiste qu'il faut comprendre le passage de l'Ecclésiaste où il est dit : *Spiritus ad Deum redit unde exivit*, et le passage de la *Sap.* : *Illi autem sunt apud Deum*.

Ici, Zirkel se contredit d'une manière frappante ; car, outre qu'il reconnaît avoir trouvé dans les livres postérieurs de l'Ancien Testament la mention très nette de l'immortalité de l'âme, il a démontré lui-même que l'*Ecclésiaste* appartient à l'époque postérieure et renferme la doctrine de l'immortalité. Mais, nulle part, cette doctrine n'est formulée plus clairement que dans le livre de la Sagesse. La dernière citation est d'ailleurs complètement inexacte, car le texte vrai est celui-ci : *Sunt inter filios Dei*. Nous voyons par là comment les prétendus hommes de lumière étaient peu consciencieux dans la citation des textes de l'Ecriture sainte, qu'ils tronquaient et torturaient pour les adapter à leurs théories.

L'histoire de la chute originelle est, aux yeux de Zirkel, un exposé philosophique de Moïse sur l'origine du mal dans le monde, un poème didactique qui, sous un vêtement historique, renferme les vérités suivantes : 1º Le mal moral n'a pas sa source dans le mal physique, dans une matière mauvaise ; mais, au contraire, le mal physique n'est que la conséquence et la punition du péché. 2º Le mal, ou le péché, a pris naissance avec le genre humain et à son origine dans l'abus de la liberté. L'homme est responsable de la perversion de sa volonté ; il ne peut en accuser Dieu. 3º Un bien présent et la jouissance de ce bien font plus d'impression que la pensée de la loi. Pour concrétiser l'idée réelle et pratique de l'innocence et de l'état de félicité qui y était associé, l'histoire raconte que l'homme fut jadis innocent et heureux, mais qu'il tomba dans le péché. On ne pourrait exprimer plus clairement le privilège de la destinée morale de l'homme qu'en faisant intervenir la priorité du temps, un état de choses qui précéda la chute. Le péché originel serait le produit d'un jugement réflexe sur l'homme en tant qu'être animal, comparé à ce qu'il doit être selon la raison. En effet, d'après la raison, il devrait être saint, mais comme ses sens tendent entièrement à leur propre satisfaction, l'homme apparaît devant le tribunal de la morale, non pas comme un être mauvais effectivement, mais bien comme un être mauvais en principe, mauvais par ses tendances, par le germe de la concupiscence. Et cette vérité pratique doit apprendre à l'homme que, pour devenir bon, il faut qu'il change tout à fait, qu'il subordonne ses sens à sa destinée morale et qu'il se transforme en un homme nouveau.

Dans ses sermons de 1793, Zirkel n'a parlé de Jésus, fils de Dieu et fils de l'Homme qu'avec beaucoup de prudence et de réserve. « Je m'incline devant lui jusqu'à terre, » s'écrie-t-il une fois avec emphase, mais on ne sait pas si c'est seulement devant l'homme ou bien devant le Fils du Dieu vivant qu'il fait cette révérence. Cependant ses sermons de retraites nous trahissent ses véritables sentiments. Il y décrit les phases de l'évolution spirituelle de Jésus comme s'il s'agissait d'un simple homme qui avait des dispositions extraordinaires pour la religion.

Le Sauveur, dit-il, ne fut pas d'un seul coup, ni pour la première fois dans sa trentième année, ce qu'il fut dans la suite. L'esprit supérieur qui l'animait se manifesta dès sa première jeunesse, mais cette manifestation se fit de la manière qui pouvait seule convenir à un milieu jeune. Dieu et les hommes le prirent en affection. L'étincelle du véritable amour de Dieu et des hommes avait jailli déjà dans le cœur de l'enfant ; elle remplit le jeune homme de zèle pour la diffusion de la vraie connaissance de Dieu et prépara les voies à sa haute résolution de fonder le bien du monde sur la vertu et la religion. Son cœur lui révéla d'abord la belle et grande loi de cet amour surnaturel. Il la comprit parce qu'elle lui était naturelle ; il lui soumit toutes ses inclinations et tous ses penchants ; il lui consacra toutes ses forces spirituelles et corporelles. Ce fut l'âme de sa vie intérieure. Alors se montrèrent déjà les traces de la vénération enfantine qu'il professait envers Dieu et dont il remplit plus tard le monde ; alors se manifesta aussi ce sens épuré de la vertu dont, avant lui, la nature humaine ne semblait pas capable, parce que l'homme ne se connaissait pas encore ; on vit encore apparaître en lui ce caractère doux qui ne lui permit pas de monter à l'assaut pour rechercher le bien par la voie de la destruction, cette bienveillance sincère qu'il témoigna à sa race, jusqu'à sacrifier sa propre vie pour le bien moral de son peuple, cet esprit d'humilité et de modestie, de respect des lois éternelles de la nature, comme aussi de l'ordre accidentel et civil, par lequel il a donné un si bel exemple à ceux qui veulent entreprendre des réformes durables. Ces traits fondamentaux de l'esprit de Jésus, qui, dans sa jeunesse, éveillèrent les plus légitimes espérances, présentèrent dans la suite l'ensemble le plus parfait d'un *caractère d'homme vertueux*.

Mais c'est surtout dans son journal secret que Zirkel dévoile sa vraie pensée. Ici, il se demande comment le Sauveur est arrivé à s'imaginer qu'il était le Fils engendré de Dieu. Car, dit-il, toutes les pages de l'Evangile nous apprennent que Jésus s'est donné réellement pour le Fils de Dieu. Cela ressort aussi des faits qui émanèrent de cette fiction ou qui s'y rapportèrent. Zirkel croit avoir trouvé à cela une explication. Voici comment : « En Jésus, le sentiment de la dignité morale s'était développé à tel point qu'il se sentait un être spirituel qui n'était pas issu de la terre, mais du ciel. D'ailleurs, l'homme moral ne se plaçait-il pas déjà sur le terrain de la filiation divine. A cela s'ajouta la figure du Messie, dans l'Ancien Testament, qui en faisait le Fils engendré de Dieu, avec toutes les descriptions qui s'en suivirent et qui amenèrent aussi les hellénistes à concevoir leur doctrine du *Logos*. »

Les mémoires de Zirkel ne nous informent pas directement de ce qu'il pensait de la *Résurrection*. Mais nous pouvons croire qu'il ne s'éloignait pas trop de l'opinion de Kant. Or, ce philosophe n'a pas cru devoir nier carrément le fait de la Résurrection ; mais il ne sait comment l'adapter à sa religion de la raison. La Résurrection doit servir à *substantialiser l'idée de commencement d'une vie nouvelle et immortelle*. Bien plus, Kant se refuse à admettre la résurrection *corporelle*, parce que cette doctrine, dit-il, favorise le matérialisme, lequel ne sait concevoir l'existence de l'âme que liée à une lourde matière.

La vraie pensée de Zirkel se trahit d'ailleurs dans ses réflexions sur l'*Ascension*. Cette histoire, dit-il, clôt dignement la vie de Jésus. Celui qui venait du ciel devait y retourner visiblement. Jésus, après sa résurrection, devait encore prouver aux hommes qu'il était vraiment sorti de Dieu le Père et qu'il y retournait maintenant pour s'asseoir à sa droite, selon la conception de la théocratie juive, et pour recevoir de la main de Dieu la récompense de sa tâche fidèlement accomplie, la gloire qui lui était destinée. L'Ascension était nécessaire pour répondre d'avance à la question : Où est-il maintenant ? D'où venait-il ?

« Est-ce que sa Résurrection était plus qu'une pieuse illusion de ses disciples qui, dans leurs veilles ou leurs rêves, revoyaient son image et croyaient ressentir sa présence, longtemps après sa mort, dans chaque mouvement, tel que l'ouverture d'une porte, ou dans l'heureuse issue d'une pêche ? » Evidemment, Zirkel appartient à cette catégorie de sceptiques qui posent de semblables questions et qui, par ces pitoyables et vulgaires explications rationalistes, essayent de se débarrasser du miracle de la Résurrection.

Résurrection, Ascension et Descente du Saint-Esprit se tiennent comme les anneaux d'une même chaîne. L'une confirme l'autre. D'après Zirkel, l'inventeur de l'idée de l'Ascension, c'est toujours saint Paul. Son but était d'extirper des esprits l'idée juive d'un royaume terrestre et de transformer le règne prophétique de Dieu en un règne moral universel. En transportant dans le Ciel, à la droite de Dieu, le Sauveur transfiguré, on y transférait du même coup son royaume. Ce n'était plus, dès lors, qu'un règne céleste. Divers passages de l'Ancien Testament ont dû conduire saint Paul à cette fiction qui convient si bien à son système. Pour preuve que l'histoire de l'Ascension est arrangée systématiquement pour montrer aux disciples qu'ils devaient chercher là-haut le royaume d'Israël, l'évangéliste Luc met cette question dans la bouche des disciples peu avant l'événement : « *An in tempore hoc restitues regnum Israel ?* » La réponse que saint Luc prête au Sauveur n'est pas nettement négative, mais elle ajourne cette espérance du rétablissement à des temps si éloignés et si indéterminés que ce reste d'espoir ne devait plus guère avoir de valeur pour l'Israélite. Aussi l'abandonna-t-il peu à peu et finit-il par s'habituer à la perspective du royaume des Cieux. Par conséquent, cette doctrine appartient également à la religion du peuple, afin de donner du poids à l'enseignement d'une vie future auprès de Dieu. Il est vrai que le Sauveur a souvent parlé de cette vie future, mais combien on accepte plus facilement cette doctrine, lorsqu'on voit réalisé en le Sauveur lui-même ce qu'il a promis ! Par l'Ascension, cette vérité s'impose aux sens et à l'intelligence, attendu qu'elle est liée à un fait que chacun comprend dès qu'il l'entend raconter. Les sens réclamaient une *contrée* de l'univers où les bienheureux séjournent, et c'est pourquoi l'histoire évangélique donne à la vérité spirituelle un beau corps, une figure pleine d'expression.

Comme saint Paul, d'après Zirkel, est le véritable inventeur du Christianisme, il serait étonnant que le point capital du christianisme, la *réconciliation* de l'humanité avec Dieu par le sacrifice et la mort de Jésus, ne fût ramené à saint Paul. En effet, cette idée doit avoir été émise par saint Paul pour accommoder le christianisme aux idées régnantes des Juifs. « Cette nation devait être déliée de l'obéissance à la loi mosaïque de la même manière solennelle que cette loi lui avait été imposée au Sinaï. » La dette qu'elle avait contractée par ses transgressions ne pouvait être acquittée que par le sacrifice. Mais ce n'était pas suffisant d'offrir des sacrifices pour chaque faute en particulier. Il fallait que la nation entière se reconnût coupable, comme elle le faisait au grand jour de la réconciliation. Et, pour être déchargée pour toujours de la peine due à ses transgressions, elle avait besoin d'un grand sacrifice national d'une efficacité éternelle. Le Messie se soumit à ce sacrifice selon les idées prophétiques juives qui dominaient alors. Lui qui représentait la nation, qui la résumait en lui, qui incarnait en sa personne la personnalité morale de la nation, il purifiait celle-ci par le seul fait qu'il prenait sur lui la faute et le châtiment de la nation. Bien plus, par sa mort réconciliatrice, par cette satisfaction supérieure à tous les sacrifices de l'ancienne loi, il détruisait la loi dans une de ses parties essentielles et dans ce qu'elle exigeait de plus sacré de la nation elle-même. Le sacrifice était aboli et, par conséquent, aussi la loi, qui n'avait servi qu'à rendre la nation redevable et à perpétuer le sacrifice. C'était condescendre aux idées des Juifs pour tranquilliser leur conscience et affaiblir leur attachement à la loi. Mais Paul transporta cette doctrine aussi dans ses conceptions du règne moral de Dieu et en fit encore ici l'application, aidé qu'il était par les tournures morales employées par les Juifs grecs pour désigner le *Logos*, cet être céleste. Les mythes persans, également, ajoute Zirkel, renferment les traits principaux de cette démonstration. Mais comment ce mystère pouvait-il agréer aux païens qui ne connaissaient pas la loi mosaïque et, par conséquent, n'encouraient aucune peine pour transgression de cette loi ? Ici, Zirkel recourt à la notion kantiste du « mal radical ». En chaque homme réside, en effet, quelque chose d'originellement mauvais, qui n'a pas été insinué d'abord en lui par la loi, mais qui, plutôt, vient à se manifester par l'effet de la loi. « Le monde est en mauvais état ; la race est pervertie ; la corruption du premier homme s'est transmise à tous ses descendants. » Dans cette doctrine, le mal radical est distingué clairement du mal accidentel de chaque homme en particulier.

Juifs comme païens devaient ainsi se convaincre qu'ils avaient besoin de la grâce. C'est pourquoi Paul leur a présenté Jésus comme un génie protecteur qui s'entremet entre Dieu et le pécheur, pour prendre sur lui les fautes de ce dernier et le réconcilier avec Dieu. En même temps, par le fait qu'il expia dans son propre corps les péchés des hommes, il acquit aux pécheurs l'esprit saint de Dieu, afin qu'ils puissent se sanctifier, non pas seulement pour effacer la peine due au péché, mais le péché lui-même en l'homme. Telle est la doctrine de la réconciliation dans le sens que lui donne saint Paul. Elle est en partie négative en ce qu'elle écarte la crainte du châtiment, et en partie positive en ce qu'elle implique la communication du Saint-Esprit. Dans l'impossibilité où les hommes sont de satisfaire pour leurs péchés, attendu qu'on ne peut pas faire que ce qui est arrivé ne le soit pas, et que toute ultérieure pratique de la vertu, étant obligatoire, ne saurait être considérée comme une compensation pour les offenses antérieures, les hommes tomberaient dans le découragement ou bien en viendraient à se châtier eux-mêmes jusqu'à leur propre destruction. Mais, d'autre part, si l'on croyait pouvoir admettre que Dieu ne prend pas garde au péché et que les défaillances morales n'ont pas de conséquences dans l'ordre moral universel, alors, tout zèle pour la vertu disparaîtrait et les lois morales seraient sacrifiées à la poussée des passions humaines, parce qu'on pourrait les transgresser inpunément. Heureusement, la doctrine énoncée plus haut intervient et inspire confiance au pécheur, sans affaiblir le respect de la loi ; elle concilie la justice et la miséricorde de Dieu, ainsi que l'exigent à la fois les besoins de la nature humaine et l'intérêt pratique de la vertu. Dieu est juste pour être miséricordieux, et il est miséricordieux sans affaiblir la crainte salutaire de ses arrêts. Il n'est pas possible de concevoir une autre combinaison de ces deux qualités divines. Dès lors, cette doctrine appartient de nouveau, à vrai dire, à une *religion populaire* qui tient le milieu entre la civilisation intellectuelle et la civilisation morale, sans jamais dépasser ce niveau, sous peine de ne pouvoir entretenir en elle l'esprit de pénitence et d'amélioration, et de perdre l'influence de la religion sur la conduite morale des âmes. Si cette doctrine n'était pas maintenue, la moralité du peuple serait jetée par-dessus bord. Il se passe donc, grâce au secours de la foi, dans le cœur du chrétien, ce qui se passe aussi dans le cœur du sage, lequel, sans cette foi, regrette sincèrement ses faux pas, a honte de lui-même et entreprend de son propre chef son châtiment par la mortification et le renoncement à son moi sensuel.

Zirkel voit encore une intime connexion entre cette doctrine de la réconciliation et celle du *descensus Christi ad inferos* Le but de cette dernière doctrine est de montrer que les morts conservés dans le sépulcre ont aussi participé à la résurrection. Et Zirkel donne à ses élèves le conseil d'introduire dans leur catéchèse cette doctrine pratique que la continuation de la vie en la future béatitude n'est pas le résultat naturel de la vertu, mais un don de la grâce par Jésus-Christ et pour Jésus-Christ, avec lequel nous devons rester unis en esprit, parce qu'il est le médiateur entre Dieu et l'homme.

29-08. — Imp. des Orph.-Appr., F. BLÉTIT, 40, rue La Fontaine, Paris.